DAS GOLDENE SCHLOSS

DAS GOLDENE SCHLOSS

Der Märchentruhe zweiter Teil

45 Märchen gesammelt
von Vilma Mönckeberg-Kollmar
Mit 12 Bildern gemalt von Lilo Fromm

Verlag Heinrich Ellermann

Printed in Germany
ISBN 3-7707-6202-9

INHALT

DAS GOLDENE SCHLOSS

Es war einmal ein König und eine Königin, die wohnten in einem Schlosse von purem Gold. Die Königin war eine Zauberin; sie hatte unter vielen andern Sachen auch ein Spiegelchen; wenn der König hinausging, dann schaute sie da hinein, und dann konnte sie alles sehen, wohin er ging, was er tat, gerade als hätte er vor ihr gestanden; zugleich hatte sie alsdann die Macht, ihn überall hingehen zu lassen, wohin sie wollte. Es geschah nun einmal, daß sie den König auf die Art hin und wieder spazierengehen ließ, bis er endlich an das Gestade der See kam. Das erste, was er da fand, war ein toter Körper, den die Wellen ans Land geworfen hatten. Als er ihn näher besah, erkannte er, daß es ein ertrunkener Matrose war. Dessen Kleider schienen ihm so seltsam, daß er sie für sein Leben gern mitgenommen hätte; er zog sie denn auch dem Matrosen aus und sich an und ging also seines Weges weiter.

Während er dies getan hatte, war die Königin in einem andern Zimmer gewesen; als sie nun zurückkam und in ihr Spiegelchen schaute, sah sie statt ihres Mannes einen Matrosen am Gestade; man kann sich leicht denken, wie sehr sie darüber muß erschrocken sein. Der König inzwischen war nicht minder in Unruhe, denn er fürchtete, es möchte einer von den Gesellen des Matrosen kommen und ihn als einen Mörder und Dieb ergreifen. Bekümmert und ängstlich ging er hierhin und dorthin und wußte nicht, was er machen sollte. Endlich kam ihm eine alte Frau entgegen, und er fragte diese recht freundlich: »Sagt einmal, Frauchen, wo ist eigentlich der Weg nach dem goldenen Schloß?«

»Nach dem goldenen Schloß?« sagte die Frau. »Davon habe ich noch nie gehört, es kann unmöglich hier in der Gegend liegen. Man sieht's auch wohl an Euren Kleidern, daß Ihr hier nicht zu Hause seid. Kommt aber mit mir zur Königin der kriechenden Tiere, die kann Euch vielleicht Bescheid darum geben.«

Da ging der König mit der Frau, und sie kamen an das Schloß der Königin der kriechenden Tiere. Sie klopften an, und ein Krötchen kam und machte die Tür auf, und als der König ihm sein Verlangen zu erkennen gegeben hatte, führte es ihn vor die Königin. Diese saß auf einem prächtigen Thron und war umringt von kriechenden Tieren aller Art, wie Schnecken, Schlangen, Fröschen, Eidechsen und anderem Gewürm. Nachdem der König sie freundlich gegrüßt hatte, bat er sie, ihm zu sagen, ob sie nicht wisse, wo das goldene Schloß gelegen sei? »Das goldene Schloß?« fragte die Königin verwundert; »das ist mir ganz und gar unbekannt; es muß weit von hier liegen. Vielleicht weiß es einer meiner Untertanen.« Nun pfiff sie dreimal, und eine zahllose Menge von Schlangen, Schnecken und anderem Gewürm kroch von allen Seiten herzu, aber keines der Tiere kannte das goldene Schloß. »Es tut mir sehr leid«, sprach die Königin, »daß ich Euch nicht besseren Bescheid geben kann, das macht aber nichts; ich werde Euch eine Führerin geben, die Euch zu der Königin der laufenden Tiere bringen soll. Die steht einen Grad höher als ich und kann es Euch eher sagen, wo das goldene Schloß liegt.« Mit den Worten winkte sie einem Schlänglein, und das war des Königs Geleiterin. Er bedankte sich herzlich bei der Königin und folgte dem Schlänglein.

Nachdem sie schon sehr, sehr weit gegangen waren, hielt das Schlänglein an einem Schlosse still, und der König klopfte. Ein Hund machte die Tür auf, der König dankte dem Schlänglein und wurde in das Schloß geführt und vor einen kostbaren Thron, der mit den schönsten Pelzen bekleidet war. Darauf saß die Königin der laufenden Tiere, und rings um sie herum stand ihr Hof: Löwen, Bären, Tiger, Wölfe, Hirsche und allerhand ander vierfüßig Getier. Er grüßte sie höflich und fragte sie, ob sie ihm nicht zu sagen wisse, wo das goldene Schloß gelegen sei. »Davon habe ich nie sprechen hö-

ren«, antwortete die Königin, »vielleicht kennt es aber einer meiner Untertanen.« Darauf pfiff sie dreimal, und da kamen Hunde, Katzen, Hasen, Füchse, Ratten und Mäuslein und Gott weiß was all für Getier gelaufen, auch Bären, Löwen, Kamele, und die Königin fragte sie, ob sie nicht wüßten, wo das goldene Schloß liege? Alle besannen sich lange, aber sie erklärten endlich doch, sie wüßten es nicht. Darüber war der König sehr betrübt, aber die Königin tröstete ihn und sagte: »Alle Hoffnung ist noch nicht verloren; ich will Euch eine Geleitsfrau geben, die führt Euch zur Königin der fliegenden Tiere, welche einen Grad höher steht als ich. Wenn die es auch nicht weiß, dann kann Euch niemand auf der ganzen Welt helfen.« Damit winkte sie einem Kätzlein und gab dies dem König mit als Geleitsfrau. Er bedankte sich herzlich bei der Königin und folgte dem Kätzlein.

Nachdem sie schon manchen Schritt und Tritt getan hatten, kamen sie endlich zum Schlosse der Königin der fliegenden Tiere. Das Kätzchen miaute, und ein schöner weißer Schwan kam, öffnete das Tor und führte den König in das Schloß und vor die Königin.

Diese saß auf einem prächtigen Thron, der mit schönen Federn von allen Farben verziert war, und eine Krone von noch schöneren Federn prunkte auf ihrem Haupte. Rund um den Thron herum stand ihr Hof, das waren Vögel aus allen Gegenden der Welt: Adler, Pfauen, Paradiesvögel, Schwäne, Tauben und Nachtigallen, welche liebliche Weisen sangen. Der König neigte sich höflich vor ihr und sprach: »Ach, Königin, ich habe mich verirrt und weiß nicht mehr, wie ich zu dem goldenen Schlosse kommen soll.«

»Das goldene Schloß?« fragte sie verwundert, »davon haben meine Tiere mir nie gesprochen, und die fliegen doch durch die ganze Welt. Aber wartet, ich will sie noch einmal fragen.« Mit den Worten pfiff sie, und eine Menge Vögel aller Art erfüllten den Saal. Dann fragte die Königin: »Wer von euch kennt das goldene Schloß?« Aber keiner von all den Vögeln antwortete. Nun pfiff sie zum zweiten Male, und eine noch viel größere Zahl von Vögeln kam herbei-

geflogen, aber auch von diesen kannte keiner das goldene Schloß. Da pfiff sie zum dritten Male, und die fremdartigsten Vögel der Welt versammelten sich um sie. Dreimal fragte sie diese: »Wer von euch kennt das goldene Schloß?« Aber alle schwiegen still und sahen einander verwundert an, denn davon hatten sie nie etwas gehört. Der arme König meinte zu verzweifeln.
Da sah einer von den Vögeln ganz, ganz weit in der Luft ein Pünktchen, welches immer näher kam und immer größer wurde, und als es endlich ganz nahe war, sah man, daß es ein Storch war. Die Königin wurde böse, daß er nicht gleich auf ihren Ruf gekommen war, und fragte ihn: »Wo bist du denn so lange geblieben?«
Der Storch antwortete: »Das müßt Ihr mir nicht übelnehmen, ich komme von so weit her. Ich saß auf dem goldenen Schlosse, als Ihr das erstemal pfiffet.«
Da hüpfte dem König das Herz im Leibe vor lauter Freude, und er bedankte sich mit viel schönen Worten bei der Königin. Diese gab ihm den Storch als Geleitsmann mit, er setzte sich rittlings auf ihn und flog also durch die Luft dahin, so hoch, daß ihm die allergrößten Städte der Welt nur wie Ameisennester erschienen. Nicht weit vom goldenen Schlosse endlich senkte der Storch sich immer mehr und mehr und ließ sich endlich an demselben nieder.
Man kann sich leicht denken, was die Königin für eine Freude hatte, als sie den König wiedersah, nachdem sie ihn seit so langer Zeit für tot gehalten hatte, und der König war nicht weniger froh, endlich wieder zu Hause und bei seiner lieben Frau zu sein. Nachdem sie sich nun recht satt geküßt und geweint hatten, sprach der König zu dem Storch: »Wir danken dir hunderttausendmal, liebster Storch, daß du mich hierhin gebracht hast. Sage uns nun, wie wir dir das vergelten können. Alles was du verlangst, will ich dir geben.«
Der Storch antwortete: »Ich verlange nichts anderes als deinen erstgeborenen Sohn; den hole ich mir nach Verlauf von sieben Jahren.« Und als er das gesagt hatte, verschwand er. Da stand nun der König und sah die Königin stumm und steif an; denn obgleich sie noch

kein Kind hatten, konnten sie doch binnen sieben Jahren noch eins kriegen.
Und also geschah es auch; es war noch kein Jahr verlaufen, als die Königin schon einen Sohn gebar, ein über die Maßen schönes Kind. Je älter es wurde, um so mehr nahm es an Schönheit und an Klugheit zu, doch hatten der König und die Königin wenig Freude darüber, denn sie dachten immer nur an das siebente Jahr und an den Storch.
Endlich kam das siebente Jahr, und im ganzen Schloß war Trauer; doch ließ der König alles wohl und schön zurichten, um den Storch auf eine geziemende Weise zu empfangen. Kaum hatten sie alles bereit, als der Storch auch angeflogen kam. Mit Tränen in den Augen führten der König und die Königin ihr Söhnlein zu ihm und baten ihn nur, daß er es doch nicht totmachen möchte. Als der Storch das sah, schlug er freudig mit den Flügeln und klapperte ihnen zu: »Behaltet euer Söhnlein nur, die Königin der fliegenden Tiere ist auch zufriedengestellt dadurch, daß ihr euer Wort so treu habt halten wollen.« Was da für ein Gejubel in dem Schlosse war, das kann man mit keiner Feder beschreiben. Der König ließ ein großes Gastmahl anrichten, wo der Storch mit am Tische saß und vor sich eine große Schüssel mit den schönsten und fettesten Fröschen stehen hatte, die man nur finden konnte. Nach dem Gastmahl tanzte man, und der Storch tanzte zuerst mit der Königin, er blieb auch noch verschiedene Tage in dem Schlosse; dann aber nahm er eines Morgens vom König Abschied und flog weg.
Der König und die Königin und ihr Söhnlein aber lebten von da ab in Glück und Freude, und wenn das goldene Schloß nicht zusammengefallen ist, dann steht es noch.
Wo denn?
Das mußt du den Storch fragen.

DER EHRLICHE VIERSCHILLING

Es war einmal eine arme Frau, die wohnte in einer elenden Hütte weit vom Dorfe weg. Wenig hatte sie zu beißen und gar nichts zu brennen, und deshalb schickte sie ihren kleinen Buben in den Wald, um Holz zu sammeln. Er hüpfte und sprang und sprang und hüpfte, um sich warmzuhalten; denn es war ein kalter grauer Herbsttag, und jedesmal, wenn er einen Ast oder eine Wurzel in sein Holzbündel gesammelt hatte, mußte er mit den Armen gegen die Schultern schlagen, denn seine Hände waren vor lauter Kälte so rot wie die Preiselbeersträucher, über die er ging. Als er seine Holztrage voll hatte und heimwärts wanderte, kam er über ein Stoppelfeld. Da sah er einen eckigen weißen Stein liegen. »Ach du armer alter Stein, wie weiß und bleich du bist, du frierst gewiß entsetzlich!« sagte der Bursche, zog seine Jacke aus und legte sie über den Stein. Als er nun mit dem Holze nach Hause kam, fragte seine Mutter, was denn das bedeuten solle, daß er in der Herbstkälte hemdsärmelig ginge? Er erzählte, er habe einen alten eckigen Stein gesehen, der sei ganz weiß und bleich vor Frost gewesen, und dem habe er seine Jacke gegeben. »Du Narr«, sagte die Frau, »meinst du, der Stein friert? Und wenn er auch geklappert hätte vor Kälte, so ist doch jeder sich selbst der Nächste. Deine Kleider kosten schon genug, auch wenn du sie nicht draußen im Feld den Steinen umhängst«, und damit jagte sie den Burschen davon, seine Jacke zu holen. Als er zu dem Stein kam, hatte der sich gedreht und mit der einen Seite von der Erde erhoben. »Ja, das ist gewiß, weil du die Jacke hast, du Armer«, sagte der Bursche. Aber als er genauer hinschaute, stand da eine Geldkiste voller blanker Silbermünzen unter dem Stein. Das ist gewiß gestohlenes Geld, dachte der Bursche, kein

Mensch legt ehrlich erworbenes Geld unter Steine im Wald. Und er nahm die Kiste und trug sie hinunter an den Teich in der Nähe und warf den ganzen Haufen Geld hinein. Aber ein Vierschilling blieb auf dem Wasser schwimmen. »Ja, der ist ehrlich, der Ehrliche sinkt nicht«, sagte der Bursche. Er nahm den Vierschilling und ging mit ihm und seiner Jacke heim. Seiner Mutter erzählte er, wie es ihm gegangen war, daß der Stein sich gewendet hätte, weil es gestohlenes Geld gewesen sei. »Aber ein Vierschilling schwamm oben, und den habe ich genommen, denn der war ehrlich«, sagte der Bursche. »Du bist ein Narr«, sagte die Frau – sie war voller Zorn –, »wenn nichts ehrlich wäre, als was auf dem Wasser schwimmt, dann gäbe es nicht viel Ehrlichkeit in der Welt. Und wenn das Geld zehnmal gestohlen gewesen wäre, so hast du es doch gefunden, und jeder ist sich selbst der Nächste. Hättest du das Geld behalten, so hätten wir unser Lebtag in Ruhe und Behagen leben können. Aber du bist ein Dummkopf und bleibst ein Dummkopf, und jetzt will ich mich nicht mehr länger mit dir plagen und schleppen. Nun mußt du hinaus und dein Brot verdienen.«

Da mußte der Bursche hinaus in die weite Welt, und er wanderte weit und breit umher und suchte einen Dienst. Aber wo er auch hinkam, da fanden ihn die Leute zu klein und zu schwach und sagten, sie könnten ihn zu nichts brauchen. Endlich kam er zu einem Kaufmann. Da behielt man ihn für die Küche, und er mußte der Köchin Holz und Wasser tragen. Als er dort lange Zeit gewesen war, wollte der Kaufmann einmal in ferne Länder reisen und fragte alle seine Dienstleute, was er für sie kaufen und mit nach Hause bringen solle. Als alle gesagt hatten, was sie sich wünschten, kam die Reihe auch an den kleinen Burschen, der in der Küche Holz und Wasser trug. Der reichte seinen Vierschilling her. »Ja, was soll ich denn dafür kaufen?« fragte der Kaufmann. »Das wird kein großer Einkauf werden.«

»Kauft, was ihr dafür bekommen könnt, er ist ehrlich, das weiß ich«, sagte der Bursche. Der Herr versprach es und segelte fort.

Als der Kaufmann nun im fremden Lande gelöscht und wieder geladen hatte und gekauft, was sich seine Dienstleute wünschten, ging er wieder auf sein Schiff und wollte vom Ufer abstoßen. Erst da fiel ihm ein, daß ihm der Küchenjunge einen Vierschilling mitgegeben hatte, um etwas dafür zu kaufen. Soll ich nun wegen dieses Vierschillings noch einmal hinauf in die Stadt? Man hat doch nur Ungelegenheiten, wenn man solches Pack aufnimmt, dachte der Kaufmann. Da kam eine Frau gegangen mit einem Sack auf dem Rücken. »Was hast du denn da in dem Sack, Mütterchen?« fragte der Kaufmann. »Ach, nur eine Katze, ich kann sie nicht länger mehr füttern und will sie ins Meer werfen, damit ich sie loswerde«, sagte die Alte. »Der Bursche hat ja gesagt, ich solle kaufen, was ich für den Vierschilling bekommen könne«, sagte der Kaufmann zu sich selber, und fragte die Frau, ob sie vier Schillinge für ihre Katze haben wolle. Die Frau war nicht faul und schlug ein, und der Handel war fertig.

Als nun der Kaufmann ein Stück weit gesegelt war, kam ein fürchterliches Unwetter über ihn und ein Himmelssturm ohne Maßen, und er trieb und trieb und wußte nicht, wohin. Schließlich kam er an Land, wo er noch nie zuvor gewesen war und ging hinauf in die Stadt.

In dem Wirtshaus, wo er einkehrte, war der Tisch gedeckt, und an jedem Platz lag für jeden Gast ein Reis. Das kam dem Kaufmann wunderlich vor, denn er begriff nicht, was man mit all den Reisern anfangen sollte. Aber er setzte sich nieder und dachte: Ich will genau sehen, was die andern damit tun, und dann kann ich es nachmachen. Ja, als die Speisen auf den Tisch kamen, da merkte er, wozu die Reiser da waren; da wimmelte es von Tausenden von Mäusen, und alle, die am Tische saßen, mußten mit ihrem Reis hantieren und fechten und um sich schlagen, und man hörte nichts als das Klatschen der Reiser, einmal ärger als das andere Mal. Manchmal trafen die Leute einander ins Gesicht, da mußten sie sich Zeit nehmen und sagen: »Um Verzeihung!«

»Das Essen ist eine schwere Arbeit in diesem Lande«, sagte der Kaufmann, »warum haben die Leute hier denn keine Katze?«
»Katze?« fragten die Leute: sie wußten nicht, was das war. Da ließ der Kaufmann die Katze holen, die er für den Küchenjungen gekauft hatte, und als die Katze über den Tisch kam, da mußten die Mäuse schleunigst in ihre Löcher verschwinden, und die Leute hatten seit Menschengedenken noch nie in so guter Ruhe essen können. Sie baten und beschworen nun den Kaufmann, er solle ihnen doch seine Katze verkaufen. Schließlich sagte er, er wolle sie ihnen überlassen, aber hundert Taler wolle er dafür haben; die zahlten sie und bedankten sich noch schön.
Dann segelte der Kaufmann wieder weiter, aber kaum war er auf hohe See hinausgekommen, so sah er die Katze im großen Mast sitzen. Und gleich darauf kam wieder ein Sturm und Unwetter, noch schlimmer als das erstemal, und er trieb und trieb, bis er an einen Ort kam, wo er noch nie zuvor gewesen war. Der Kaufmann ging wieder in ein Wirtshaus, und hier war der Tisch auch mit Reisern gedeckt, aber sie waren viel größer und länger als da, wo er zuerst war. Und man hatte sie wohl nötig, denn hier waren noch viel mehr Mäuse und doppelt so große als die, die er zuerst gesehen hatte.
Hier verkaufte er wieder seine Katze, und diesmal bekam er zweihundert Taler dafür, und das ohne Feilschen.
Als er fortgesegelt war und ein Stück ins Meer hinausgekommen, saß die Katze oben im Mast. Und gleich fing das Unwetter wieder an, und schließlich wurde er auch diesmal an ein Land verschlagen, wo er noch nie gewesen war. Er kehrte wieder in ein Wirtshaus ein; da war der Tisch auch mit Reisern gedeckt, aber jedes Reis war anderthalb Ellen lang und so dick wie ein kleiner Besen, und die Leute sagten, sie kennten nichts Ärgeres als sich zum Essen niederzusetzen, denn hier waren große häßliche Ratten zu Tausenden. Mit Not und Mühe konnte man einmal zwischenhinein einen Bissen in den Mund schieben, so schwer hatte man es, die Ratten abzuwehren. Da wurde wiederum die Katze vom Schiff geholt, und nun konnten die

Leute in Ruhe essen. Sie bettelten und baten nun den Kaufmann, er möchte ihnen doch seine Katze verkaufen; lange sagte er nein, aber schließlich versprach er, sie sollten sie für dreihundert Taler bekommen; die zahlten sie und bedankten sich und segneten ihn noch obendrein.

Als nun der Kaufmann aufs Meer hinauskam, überlegte er, wieviel der Bursche mit dem Vierschilling gewonnen hatte, den er ihm mitgegeben hatte. »Ja, etwas von dem Gelde soll er bekommen«, sagte der Kaufmann zu sich selber, »aber nicht alles. Denn mir hat er zu danken für die Katze, die ich für ihn gekauft habe, und jeder ist sich selbst der Nächste.«

Aber als der Kaufmann das dachte, kam ein Sturm und Unwetter, daß alle glaubten, das Schiff werde untergehen. Da merkte der Kaufmann, daß ihm nichts anderes übrigbleiben werde, als zu geloben, daß der Bursche alles Geld bekommen solle. Kaum hatte er das Gelübde getan, so wurde das Wetter gut, und er bekam strammen Wind nach Hause. Als er an Land kam, gab er dem Burschen die sechshundert Taler und seine Tochter dazu. Denn nun war der Küchenjunge ebenso reich wie der Kaufmann, und mehr als das, und seitdem lebte er in Herrlichkeit und Freude. Seine Mutter nahm er zu sich und war freundlich gegen sie. »Denn ich glaube nicht daran, daß jeder sich selbst der Nächste ist«, sagte der Bursche.

DIE WILDEN SCHWÄNE

Es lebten einmal ein Mann und eine Frau, sie hatten zwei Kinder, ein Töchterchen und ein kleines Söhnlein.

»Töchterchen«, sprach einst die Mutter zu dem Mädchen, »wir gehen jetzt zur Arbeit. Gib gut auf das Brüderchen acht! Spiel nur auf dem Hof. Sei brav und klug, wir kaufen dir auch ein buntes Tüchlein.«

Doch als die Eltern fort waren, vergaß das Mädchen die Mahnung sogleich. Es setzte das Brüderchen vor dem Fenster ins Gras und lief auf die Straße spielen.

Da kam ein Zug wilder Schwäne daher, die hoben das Knäblein in die Höh und trugen es fort auf ihren Flügeln.

Wie nun das kleine Mädchen zurückkam, war das Brüderchen weg. Voller Angst lief es hin und her, doch nirgends war es zu sehen. Laut rief es seinen Namen, vergoß bittere Tränen, drohte, es würde ihnen schlimm von den Eltern ergehen, wenn das Brüderchen nicht gleich zum Vorschein käme. Doch alles blieb still. Das kleine Mädchen lief aufs freie Feld, da sah es in der Ferne, hinter den dunklen Wäldern, einen Zug wilder Schwäne verschwinden. Nun wußte es, wer den kleinen Bruder mitgenommen hatte, denn man erzählte sich viel Arges von den wilden Schwänen, auch daß sie zum Schabernack kleine Kinder stahlen.

Das Mädchen stürzte den wilden Schwänen nach. Nachdem es eine Weile gelaufen war, kam es an einen Ofen. »Ofen, Ofen, sag mir, wo sind die wilden Schwäne hingeflogen?«

Der Ofen antwortete: »Iß von meinem Roggenfladen, dann sag ich's dir.«

»Roggenfladen eß ich nicht. Bei meinem Vater gibt es Weizenfladen, und wir essen sie nicht.«

Und so gab der Ofen keine Auskunft. Das kleine Mädchen lief weiter und kam zu einem Apfelbaum. »Apfelbaum, Apfelbaum, sag mir, wo sind die wilden Schwäne hingeflogen?«
»Iß einen Holzapfel von mir, dann sag ich's dir.«
»Der Garten meines Vaters ist voll von süßen Äpfeln, und wir essen sie nicht.«
Und so bekam sie auch vom Apfelbaum keine Antwort. Nachdem das kleine Mädchen wieder ein großes Stück gelaufen war, kam es an einen Milchfluß mit Ufern aus Grütze. »Sagt an, Milchfluß und ihr Ufer aus Grütze, wo sind die wilden Schwäne hingeflogen?«
»Koste von meiner schlichten Grütze mit Milch, dann will ich es dir sagen.«
»Bei meinem Vater gibt es süße Sahne, und die essen wir kaum.«
Lange lief das kleine Mädchen durch Wälder und Felder. Doch als sich der Tag dem Abend zuneigte, blieb ihm nichts anderes übrig, als umzukehren. Auf einmal gewahrte es eine kleine Hütte, die stand auf einem Hühnerbein, hatte nur ein Fensterlein und drehte sich um sich selber. Drinnen saß die alte Baba-Jaga und spann. Auf der Bank aber spielte das Brüderchen mit silbernen Äpfeln.
Das kleine Mädchen trat ein. »Guten Tag, Großmütterchen!«
»Guten Tag, Mädchen, was möchtest du haben?«
»Mein Kleid ist naß von Moos und Moor, ich möchte mich wärmen.«
»Dann setz dich hin und spinn solange.«
Die Baba-Jaga gab ihr die Spindel samt dem Wocken und ging hinaus. Das kleine Mädchen spann. Plötzlich kam ein Mäuslein unterm Ofen hervorgehuscht, das wisperte: »Mädchen, kleines Mädchen, gib mir ein wenig Brot. Ich will dir etwas Wichtiges sagen.«
Das kleine Mädchen gab dem Mäuslein Brot, und das wisperte abermals: »Die Baba-Jaga heizt das Badehaus ein. Drin will sie dich seifen und schrubben, drauf steckt sie dich in den Ofen, brät dich schön gar und frißt dich auf mit Haut und Haar, und auf deinem Gebein wird sie reiten.«

Da weinte und zitterte das kleine Mädchen vor Angst. Das Mäuslein aber hub von neuem an: »Säume nicht. Nimm dein Brüderchen, es ist nebenan, und lauf davon. Ich will statt deiner den Wocken spinnen.«

Das Mädchen nahm den kleinen Bruder auf den Arm und lief mit ihm in großer Hast davon. Die Baba-Jaga aber kam alleweil ans Fenster gehumpelt und fragte: »Spinnst du, Mägdelein?«

Und das Mäuslein gab zur Antwort: »Ja, ich spinne, Großmütterchen.«

Als das Feuer im Badhaus schon lustig prasselte, wollte die Baba-Jaga das Mädchen holen. Doch in der Hütte war niemand mehr. Da schrie die Baba-Jaga: »Ihr wilden Schwäne, fliegt aus, holt mir Bruder und Schwester nach Haus! Sie sind weggelaufen.«

Das Mädchen rannte, bis es zum Milchfluß kam. Auf einmal sahen die Kinder die wilden Schwäne fliegen.

»Fluß, lieber guter Fluß, verbirg uns.«

»Iß von meiner schlichten Grütze.«

Das Mädchen aß und bedankte sich. Da versteckte der Fluß die Geschwister im Schatten seiner Ufer.

Die wilden Schwäne sahen die Kinder nicht und flogen vorbei. Die setzten ihren Weg fort. Die wilden Schwäne aber waren umgekehrt und kamen ihnen geradewegs entgegengeflogen. Gleich würden sie das Mädchen und den Knaben erblicken. Was tun? Oh, welche Not! Doch da stand ja der Apfelbaum ...

»Apfelbaum, lieber Apfelbaum, verbirg uns!«

»Iß von meinen Holzäpfeln!«

Das kleine Mädchen aß geschwind einen Apfel und bedankte sich. Da umfing sie der Apfelbaum mit seinen Zweigen und deckte sie mit seinen Blättern zu.

Die wilden Schwäne sahen die Kinder nicht und flogen vorbei. Das kleine Mädchen lief weiter. Lange lief es, lange, und war nicht mehr weit von seinem Elternhaus entfernt. Doch da gewahrten die wilden Schwäne die Kinder. Laut krächzend stürzten sie herab, schlugen

wild mit ihren Flügeln und waren schon drauf und dran, das Brüderchen aus den Armen des Mädchens zu reißen. Doch das Mädchen rannte zum Ofen.
»Ofen, lieber Ofen, verbirg uns!«
»Iß von meinem Roggenfladen!«
Rasch steckte das Mädchen einen Fladen in den Mund und kroch mit dem Brüderchen geschwind ins Ofenloch. Schauerlich krächzend umschwirrten die wilden Schwäne den Ofen, doch schließlich mußten sie unverrichteter Dinge zur Baba-Jaga zurückfliegen.
Das kleine Mädchen bedankte sich beim Ofen und eilte mit dem Brüderchen nach Haus. Bald darauf kehrten auch Vater und Mutter von der Arbeit heim.

DAS HIRSEKORN

Es war einmal ein armer, armer Junge, der hatte von seiner Mutter, als sie starb, ein kleinwinziges Hirsekorn geerbt, und das war all sein Reichtum. Da er nun weder Vater noch Mutter zu verlassen hatte, so meinte er, die Welt sei groß und schön, er wolle sich ein wenig darin umschauen. Also nahm er sein Hirsekorn und wanderte fort. Nicht lange, so begegnete er einem alten Manne mit breitem Hut und grauem Mantel, der sah so freundlich aus. »Gott grüß Euch, alter Großvater!« sprach der Junge.
»Schönen Dank!« erwiderte der Mann, »wo gehst du denn hin?«
»Auf Reisen!« sprach der Junge, »und ich trage all mein Gut mit mir. Das ist ein Hirsekorn, wird es mir nicht gestohlen werden?«
Da jammerte den Mann der arme Knabe, und er sprach: »Besorge nichts, mein Kind; du wirst es zwar verlieren, aber dadurch gewinnen!«

Abends kehrte der Junge in einem Dorfe ein, klopfte bei einem Bauern an und bat um Herberge. Als er schlafen ging, legte er sein Hirsekorn aufs Fenster und sprach zum Wirte: »Das ist all mein Reichtum, wird er mir nicht gestohlen werden?«
»Schlafe ruhig, mein Sohn, es soll dir in meinem Hause kein Schaden geschehen!«
Am Morgen, als die Sonne ins Fenster schien, glänzte das Hirsekorn, und der Haushahn, der im Hofe herumstieg und Körner suchte, sah es, flog hin und pickte es auf. Eben war der Knabe erwacht und erblickte den Hahn auf dem Fenster, wie er sein Hirsekorn verschluckte. Da fing er an zu weinen und zu klagen. Der Bauer tröstete ihn und sprach:

»Der Hahn ist dein,
hat er gefressen das Hirselein.«

Nun war der Knabe froh, nahm den Hahn und wanderte weiter. Abends kam er wieder in einem andern Dorfe zu einem Bauern und bat um Herberge und sprach: »Der Hahn ist all mein Reichtum, wird er mir nicht gestohlen werden?«
»Schlafe ruhig, mein Sohn«, sprach der Wirt, »auf meinem Hof darf dir kein Schaden geschehen.«
Frühmorgens aber ging der Hahn im Hofe herum und suchte sich Körner, und wie er einige gefunden hatte, sah dieses das Schwein des Bauern, packte den Hahn und biß ihn tot, die Körner aber fraß es selbst. Als der Knabe am Morgen nach seinem Hahn sah, so lag er tot da. Nun fing der Junge an zu jammern und zu klagen: »O weh mir, das Schwein hat meinen Hahn totgebissen!« Da tröstete ihn der Bauer und sprach:

»Nimm hin das Schwein,
es sei nun dein,
hat's den Hahn dir gebissen!«

und band dem Schwein ein Seil an den Fuß; und der Junge zog mit dem Tiere weiter. Abends gelangte er wieder in ein Dorf und sprach abermals bei einem Bauern vor, und da nahm man ihn freundlich auf. Er sagte aber zum Wirte: »Mein ganzer Reichtum ist dies Schwein, wird es mir nicht gestohlen werden?«

»Schlafe ruhig, mein Sohn, auf meinem Hof darf dir kein Schaden geschehen.«

Als aber am Morgen eine mutige Kuh des Bauern das fremde Schwein im Hof sah, lief sie drauflos und erstieß es mit ihren Hörnern. Der Knabe erwachte bald, ging hinaus und sah sein Unglück. Da fing er an zu jammern; doch der Bauer tröstete ihn und sprach:

»Die Kuh ist dein,
hat sie das Schwein
dir erstoßen!«

band ihr ein Seil um den Hals und übergab sie dem Knaben. Der wanderte jetzt fröhlich weiter und gelangte abends auf einen Edelhof und bat um Herberge. Die wurde ihm auch gerne gewährt. Der Knabe aber sprach ganz untertänig zum Herrn des Hofes, als er schlafen ging: »All mein Reichtum ist diese Kuh, wird sie mir nicht gestohlen werden?«

»Schlafe ruhig, armer Junge, auf meinem Hofe soll dir kein Schaden geschehen!«

Als am Morgen die Pferde zur Tränke geführt wurden, sprang ein mutwilliger Hengst im Hofe herum. Sowie er die fremde Kuh erblickte, lief er auf sie zu und schlug sie tot. Als der Junge seine Kuh tot sah, fing er an zu klagen und zu jammern; der Edelmann aber tröstete ihn und sprach:

»Nimm den Hengst für die Kuh
und den Zaum dazu!«

Da setzte sich der Junge auf das stattliche Roß und ritt fort in die weite, weite Welt und verrichtete viele Heldentaten. Zuletzt ist er noch auf den Glasberg geritten, hat die Königstochter erlöst und ist König geworden.

Seht ihr's, was aus einem armen Jungen werden kann, wenn er Glück hat!

BRUDER UND SCHWESTER

Es war einmal ein Herr, der hatte zwei Kinder, einen Knaben und ein Mädchen. Die haben sich niemals vertragen. Die Schwester aber war zänkischer als der Bruder und fing stets Streit mit ihm an. Da sprach der Vater einmal zu dem Mädchen, als der Bruder sich über sie beklagte: »So wollte ich doch, daß du zur Taube würdest und zum Fenster hinausflögst.« Und sogleich ward die Tochter zur Taube und flog zum Fenster hinaus und war verschwunden. Da reute es den Vater, was er gesagt hatte, und auch der Bruder war traurig und dachte: ach, wenn doch meine Schwester wieder da wäre! Ich bin so allein, und die andern Kinder verspotten und schlagen mich; meine Schwester würde mir helfen und mit mir spielen.

Und als er groß geworden war, ging er zu seinen Eltern und sagte: »Ich will in die Welt hinausgehen, ob ich vielleicht meine Schwester wiederfinde.« Da sagte der Vater: »Wo willst du sie finden? Die ist eine Taube geworden und fortgeflogen; die findest du nimmermehr.« Der Sohn aber ließ es sich nicht ausreden und lag dem Vater immer wieder in den Ohren. Da ließ ihm der Vater ein neues flachsenes Hemd nähen und den Namen der Schwester hineinsticken, und das nahm der Bruder mit auf die Reise. Wie er nun so ging, kam er in einen großen, großen Wald und ging immer darin fort. Als es schon Abend wurde, kam er zu einem Häuschen. Er klopfte an, da kam eine alte Mutter heraus, die bat er um ein Nachtlager. »Ach«, sagte die, »ich wollte dich schon übernachten lassen, aber ich kann nicht; wenn mein Sohn Wind heimkommt, der zerreißt dich wie ein Krauthaupt.« Aber der Junge hat gesagt, er wolle sich auch gut verstecken, und so lange gebeten, bis sie ihn aufnahm.

Und nicht lange, da hörte man ein furchtbares Brausen, und alle Bäume neigten sich: da kam der Wind. Und als er in das Haus trat, sprach er: »Mutter, Ihr habt einen fremden Menschen hier; bringt ihn vor, ich zerreiß ihn wie ein Krauthaupt.« Die Mutter aber antwortete: »Bewahre, hier ist niemand; wer sollte hierherkommen in diese Wildnis?« Er blieb aber dabei und sagte: »Bring ihn hervor, ich will ihm nichts tun.« Die Mutter aber leugnete, bis er das dreimal versprochen hatte. Da holte sie den Jungen herbei. »Wo kommst du her?« fragte ihn der Wind, »du wirst hungrig sein, setz dich her und iß.« Als der Junge gegessen hatte, erzählte er sein Anliegen. Da sagte der Wind: »Da mußt du schon bis morgen abend hierbleiben; morgen geh ich aus, da will ich sehen, ob ich deine Schwester ausjagen kann.«

Am andern Tage wartete der Junge, aber als der Wind abends nach Hause kam, hatte er nichts gefunden. Des andern Morgens wanderte der Jüngling weiter und ging den ganzen Tag; gegen Abend kam er an ein Häuschen. Er klopfte an, da kam eine alte Mutter heraus, die bat er um ein Nachtlager. »Ich kann dich nicht übernachten lassen«, sagte sie, »denn mein Sohn Rabe wird bald heimkommen, der darf dich nicht finden.« Der Junge bat und bettelte aber so lange, bis sie ihn doch dabehielt. Und bald ist der Rabe nach Hause gekommen und hat gesagt: »Mutter, Ihr habt einen fremden Menschen hier; gebt ihn heraus, ich will ihm nichts tun.« Die Mutter leugnete erst, als er aber dreimal versprochen hatte, dem Fremden nichts zu tun, kam dieser hervor. Wie er dem Raben seine Geschichte erzählt hatte, sprach dieser: »Du mußt bis morgen hierbleiben: wenn ich morgen fortfliege, will ich sehen, ob ich deine Schwester ausfliegen kann.« Aber am andern Abend kam der Rabe wieder und hatte die Schwester nicht gefunden.

Betrübt ging der Jüngling weiter, bis er wieder zu einem Häuschen kam. Als er anklopfte, machte ihm eine schöne Frau auf, das war die Sonne. Die war nicht so wild, sondern sie nahm ihn freundlich auf, gab ihm zu essen und versprach ihm, am andern Tage zu sehen, ob

sie seine Schwester ausscheinen könnte. Und am andern Tage hat die Sonne geschienen – so hell und so heiß, daß die Blätter und das Gras verdorrt sind, und als sie abends nach Hause kam, da hatte sie des Knaben Schwester ausgeschienen. »Es ist«, sprach sie, »ein großes Wasser, über das niemand fahren kann, und mitten darin liegt auf einer Insel hoch oben ein herrliches Schloß, darin ist deine Schwester, aber du kannst sie befreien. Hast du Geld?«
»Ja«, sagte der Junge.
»Da bleibe bis morgen bei mir, dann geh und kaufe dir eine schwarze Henne; die sollst du kochen und verzehren, aber die Gebeine hebe sorgfältig auf. Und kaufe dir ein Töpfchen Sirup und gehe hin, bis du an das Wasser kommst. Da wirst du eine gläserne Brücke sehen, die geht steil hinauf zu dem Schloße und sie ist so glatt, daß sie niemand ersteigen kann; nimm aber immer ein Beinchen von der Henne und tauche es in Sirup und lege es auf die Brücke, so wirst du darauf treten können und wirst so hinaufkommen.«
Am andern Morgen ging der Jüngling fort und tat, wie ihm die Sonne gesagt hatte. Als er an das Wasser kam, sah er die gläserne Brükke; die glänzte so, daß man es kaum aushielt. Aber er tauchte ein Beinchen in den Sirup und legte es auf die Brücke und trat darauf, und dann noch eins und so weiter, bis nur noch ein Schritt fehlte. Aber er hatte ein Beinchen verloren (denn die Sonne hatte es schon gewußt, daß die Gebeine gerade ausreichen würden) und konnte nicht hinaufkommen. Da nahm er ein Messer, schnitt sich den kleinen Finger ab, tauchte ihn ein, trat darauf und war nun oben.
Da sah er ein schönes Schloß. Er trat hinein und fand in einem Zimmer eine Mahlzeit angerichtet; gleich setzte er sich hin und aß, denn er war hungrig von dem Wege. Dann ging er weiter ins zweite Zimmer, da lagen in vierzehn Betten vierzehn Mädchen schlafend, und eins davon war seine Schwester, denn an ihrem Bette standen ihre Pantoffel, in die ihr Name gestickt war. Da legte er ihr das flachsene Hemd aufs Kopfkissen und ging hinaus in das dritte Zimmer, das war ganz himmelblau und herrlich glänzend, und von da kam er in

den Garten. Indessen erwachten die Mädchen, und als die eine aus dem Bette stieg und dabei an das Kopfkissen stieß, fiel das Hemd hinunter. Wie sie das sah und ihren Namen hineingestickt fand, da rief sie: »Ach, mein Bruder ist hier! Aber hätte er nur noch das eine getan, eine Mandel* Besen zu Asche kehren, da wäre ich erlöst; aber so bin ich verwünscht bis in die finstere Welt.« Und sie ging hinaus in den Garten, wo er war, sie durfte ihn aber nicht begrüßen und nicht mit ihm sprechen – ging bei ihm vorbei und wandelte die Brücke hinab und weiter bis in die finstere Welt. Und als er in das zweite Zimmer zurückging, da fand er das Hemd, das hatte sie hingelegt und dazu geschrieben, daß er sie hätte erlösen können, wenn er eine Mandel Besen zu purer Asche gekehrt hätte, aber nun sei sie verwünscht bis in die finstere Welt.

Da nahm er das Hemd und ging traurig fort, immer der Schwester nach. Endlich kam er zu einer Mühle, die stand an einem weiten, weiten Meer, und an dem andern Ufer lag die finstere Welt. Und er erzählte dem Müller, daß er seine Schwester suche, die bis in die finstere Welt verwünscht sei. Da sagte der Müller: »Alle Tage kommt ein Rabe hierher geflogen, der holt drei Tonnen Mehl nach der finsteren Welt. Da kannst du dich in eine Tonne setzen, und der Rabe wird dich hinüberbringen. Er hat aber die Gewohnheit: wenn ihm eine Tonne zu leicht ist, so läßt er sie ins Meer fallen, und wenn sie ihm zu schwer ist, ebenso; und kommt zurück, eine andere zu holen, so lange, bis eine das rechte Gewicht hat.«

Am andern Morgen kam der Rabe und nahm eine Tonne, in die sich der Jüngling gesteckt hatte, und flog damit übers Meer. Aber als er fast drüben war, sprach er: »Ach, die ist doch zu leicht«, und ließ sie fallen. Aber der Wind und die Wellen trieben die Tonne aufs Ufer zu, und als der Jüngling fühlte, daß sie die Erde berührte, schnitt er mit einem Messer ein Löchlein in das Faß, daß er hindurchsehen konnte, und als er Gras sah, schlug er mit einem Hammer, den er bei sich hatte, das Loch größer und griff mit der Hand hindurch, um

* altes Zählmaß: 15 oder 16 Stück

sich am Grase festzuhalten, und dann hieb er das Loch so groß, daß er hinaus und den Strand hinanklettern konnte. Da war er am Ufer der finsteren Welt. Er ging vorwärts; bald war es so dunkel, daß er auf allen vieren kriechen mußte, aber er fand den Weg. Er kam zu einer Stadt, da standen am Tor zwei Schweine, die riefen: »Ach je, ein Christenmensch, wie kommt denn der her?« und rannten fort, und er kroch weiter bis zum nächsten Tor. Da standen zwei Esel, die riefen ebenso und rannten auch fort. Nun kam er zu einem Wallgraben, über den eine Brücke führte, über die kroch er hinüber und kam ins Schloß. Da hörte er, wie zwei sich besprachen; die eine sagte: »Ach, wann werden wir einmal erlöst werden?« Die andere erwiderte: »Da muß erst einer kommen und eine Mandel Besen, die oben auf dem Saale liegen, zu purer Asche kehren und muß die Asche zum Wall tragen und ins Wasser werfen; er darf sich aber beileibe nicht umsehen, wenn's ihn auch ruft und zurückhalten will. Da wird's einen großen Knall geben, und wir sind erlöst. Aber das wird ja keiner können.«

Wie der Junge das gehört hatte, kroch er hinauf auf den Saal und fand die Besen. Er dachte aber: wie lange dauert's, wenn man einen Besen verbrennt, ehe er zu Asche wird – nun soll ich sie gar zu Asche kehren. Doch nahm er einen, und als er den zweiten Strich getan, da zerfiel der Besen zu Feuerasche; und ebenso ging's mit den andern. Da dachte er, wie er wohl die Asche zum Wasser hintrüge. Er nahm sein Halstuch, kehrte sie hinein und trug sie fort. Da rief es hinter ihm und packte ihn an und drohte, es gäbe ein großes Unglück, aber er ging vorwärts, ohne sich umzusehen. Und als er die Asche ins Wasser warf, gab es einen furchtbaren Knall. Da ging er zurück, und nun ward's lichter und lichter und bald heller Tag. Er ging ins Schloß und fand die vierzehn Mädchen schlafend; da legte er seiner Schwester das Hemd aufs Kissen und ging hinaus. Nun erwachten die Mädchen und waren erlöst. Die Schwester aber sah das Hemd und fand ihren Bruder, und im Schloße, wo es jetzt schön und herrlich war, lebten sie froh und glücklich zusammen.

DER MEISTERDIEB

Eines Tages saß vor einem ärmlichen Haus ein alter Mann mit seiner Frau und wollten von der Arbeit ein wenig ausruhen. Da kam auf einmal ein prächtiger, mit vier Rappen bespannter Wagen herbeigefahren, aus dem ein reichgekleideter Herr stieg. Der Bauer stand auf, trat zu dem Herrn und fragte, was sein Verlangen wäre und worin er ihm dienen könnte. Der Fremde reichte dem Alten die Hand und sagte: »Ich wünsche nichts, als einmal ein ländliches Gericht zu genießen. Bereitet mir Kartoffeln, wie Ihr sie zu essen pflegt, dann will ich mich zu Euerm Tisch setzen und sie mit Freude verzehren.« Der Bauer lächelte und sagte: »Ihr seid ein Graf oder Fürst, oder gar ein Herzog, vornehme Herren haben manchmal solch ein Gelüsten; Euer Wunsch soll aber erfüllt werden.« Die Frau ging in die Küche, und sie fing an Kartoffeln zu waschen und zu reiben und wollte Klöße daraus bereiten, wie sie die Bauern essen. Während sie bei der Arbeit stand, sagte der Bauer zu dem Fremden: »Kommt einstweilen mit mir in meinen Hausgarten, wo ich noch etwas zu schaffen habe.« In dem Garten hatte er Löcher gegraben und wollte jetzt Bäume einsetzen. »Habt Ihr keine Kinder«, fragte der Fremde, »die Euch bei der Arbeit behilflich sein könnten?«

»Nein«, antwortete der Bauer; »ich habe freilich einen Sohn gehabt«, setzte er hinzu, »aber der ist schon seit langer Zeit in die weite Welt gegangen. Es war ein ungeratener Junge, klug und verschlagen, aber er wollte nichts lernen und machte lauter böse Streiche; zuletzt lief er mir fort, und seitdem habe ich nichts von ihm gehört.« Der Alte nahm ein Bäumchen, setzte es in ein Loch und stieß einen Pfahl daneben; und als er Erde hineingeschaufelt und sie festgestampft hatte, band er den Stamm unten, oben und in der Mitte mit einem Strohseil fest an den Pfahl. »Aber sagt mir«, sprach der Herr, »warum bindet Ihr den krummen, knorrichten Baum, der dort in der Ecke fast bis auf den Boden gebückt liegt, nicht auch an einen Pfahl wie diesen, damit er strack wächst?« Der Alte lächelte und sagte: »Herr, Ihr redet wie Ihr's versteht; man sieht wohl, daß Ihr Euch mit der Gärtnerei nicht abgegeben habt. Der Baum dort ist alt und verknorzt, den kann niemand mehr gerade machen; Bäume muß man ziehen, solange sie jung sind.«

»Es ist wie bei Euerm Sohn«, sagte der Fremde, »hättet Ihr den gezogen, wie er noch jung war, so wäre er nicht fortgelaufen; jetzt wird er auch hart und knorzig geworden sein.«

»Freilich«, antwortete der Alte, »es ist schon lange, seit er fortgegangen ist; er wird sich verändert haben.«

»Würdet Ihr ihn noch erkennen, wenn er vor Euch träte?« fragte der Fremde. »Am Gesicht schwerlich«, antwortete der Bauer, »aber er hat ein Zeichen an sich, ein Muttermal auf der Schulter, das wie eine Bohne aussieht.« Als er das gesagt hatte, zog der Fremde den Rock aus, entblößte seine Schulter und zeigte dem Bauer die Bohne. »Herr Gott«, rief der Alte, »du bist wahrhaftig mein Sohn«, und die Liebe zu seinem Kinde regte sich in seinem Herzen. »Aber«, setzte er hinzu, »wie kannst du mein Sohn sein, du bist ein großer Herr geworden und lebst in Reichtum und Überfluß? Auf welchem Weg bist du dazu gelangt?«

»Ach, Vater«, erwiderte der Sohn, »der junge Baum war an keinen Pfahl gebunden und ist krumm gewachsen; jetzt ist er zu alt, er wird nicht wieder gerad. Wie ich das alles erworben habe? Ich bin ein Dieb geworden. Aber erschreckt Euch nicht, ich bin ein Meisterdieb. Für mich gibt es weder Schloß noch Riegel: wonach mich gelüstet, das ist mein. Glaubt nicht, daß ich stehle wie ein gemeiner Dieb, ich nehme nur vom Überfluß der Reichen. Arme Leute sind sicher; ich gebe ihnen lieber, als daß ich ihnen etwas nehme. So auch was ich ohne Mühe, List und Gewandtheit haben kann, das rühre ich nicht an.«

»Ach, mein Sohn«, sagte der Vater, »es gefällt mir doch nicht, ein Dieb bleibt ein Dieb; ich sage dir, es nimmt kein gutes Ende.« Er führte ihn zu der Mutter, und als sie hörte, daß es ihr Sohn war, weinte sie vor Freude, als er ihr aber sagte, daß er ein Meisterdieb geworden wäre, so flossen ihr zwei Ströme über das Gesicht. Endlich sagte sie: »Wenn er auch ein Dieb geworden ist, so ist er doch mein Sohn, und meine Augen haben ihn noch einmal gesehen.«
Sie setzten sich an den Tisch, und er aß mit seinen Eltern wieder einmal die schlichte Kost, die er lange nicht gegessen hatte. Der Vater sprach: »Wenn unser Herr, der Graf drüben im Schloße, erfährt, wer du ... bist, und was du treibst, so nimmt er dich nicht auf die Arme und wiegt dich darin, wie er tat, als er dich am Taufstein hielt, sondern er läßt dich am Galgenstrick schaukeln.«
»Seid ohne Sorge, mein Vater, er wird mir nichts tun, denn ich verstehe mein Handwerk. Ich will heute noch selbst zu ihm gehen.« Als die Abendzeit sich näherte, setzte sich der Meisterdieb in seinen Wagen und fuhr nach dem Schloß. Der Graf empfing ihn mit Artigkeit, weil er ihn für einen vornehmen Mann hielt. Als aber der Fremde sich zu erkennen gab, so erbleichte er und schwieg eine Zeitlang ganz still. Endlich sprach er: »Du bist mein Pate, deshalb will ich Gnade für Recht ergehen lassen und nachsichtig mit dir verfahren. Weil du dich rühmst, ein Meisterdieb zu sein, so will ich deine Kunst auf die Probe stellen, wenn du aber nicht bestehst, so mußt du mit des Seilers Tochter Hochzeit halten, und das Gekrächze der Raben soll deine Musik dabei sein.«
»Herr Graf«, antwortete der Meister, »denkt Euch drei Stücke aus, so schwer Ihr wollt, und wenn ich Eure Aufgabe nicht löse, so tut mit mir, wie Euch gefällt.« Der Graf sann einige Augenblicke nach, dann sprach er: »Wohlan, zum ersten sollst du mir mein Leibpferd aus dem Stalle stehlen, zum andern sollst du mir und meiner Gemahlin, wenn wir eingeschlafen sind, das Bettuch unter dem Leib wegnehmen, ohne daß wir's merken, und dazu meiner Gemahlin den Trauring vom Finger; zum dritten und letzten sollst du mir den

Pfarrer und Küster aus der Kirche wegstehlen. Merke dir alles wohl, denn es geht dir an den Hals.«

Der Meister begab sich in die zunächstliegende Stadt. Dort kaufte er einer alten Bauersfrau die Kleider ab und zog sie an. Dann färbte er sich das Gesicht braun und malte sich noch Runzeln hinein, so daß ihn kein Mensch wiedererkannt hätte. Endlich füllte er ein Fäßchen mit altem Ungarwein, in welchen ein starker Schlaftrunk gemischt war. Das Fäßchen legte er auf eine Kötze, die er auf den Rükken nahm, und ging mit bedächtigen, schwankenden Schritten zu dem Schloß des Grafen. Es war schon dunkel, als er anlangte; er setzte sich in dem Hof auf einen Stein, fing an zu husten, wie eine alte, brustkranke Frau und rieb die Hände, als wenn er fröre. Vor der Tür des Pferdestalles lagen Soldaten um ein Feuer; einer von ihnen bemerkte die Frau und rief ihr zu: »Komm näher, altes Mütterchen, und wärme dich bei uns. Du hast doch kein Nachtlager und nimmst es an, wo du es findest.« Die Alte trippelte herbei, bat, ihr die Kötze vom Rücken zu heben, und setzte sich zu ihnen ans Feuer. »Was hast du da in deinem Fäßchen, du alte Schachtel?« fragte einer. »Einen guten Schluck Wein«, antwortete sie, »ich ernähre mich mit dem Handel, für Geld und gute Worte gebe ich Euch gerne ein Glas.«

»Nur her damit«, sagte der Soldat, und als er ein Glas gekostet hatte, rief er, »wenn der Wein gut ist, so trink ich lieber ein Glas mehr«, ließ sich nochmals einschenken, und die andern folgten seinem Beispiel. »Heda, Kameraden«, rief einer denen zu, die in dem Stall saßen, »hier ist ein Mütterchen, das hat Wein, der so alt ist wie sie selber, nehmt auch einen Schluck, der wärmt euch den Magen noch besser als unser Feuer.« Die Alte trug ihr Fäßchen in den Stall. Einer hatte sich auf das gesattelte Leibpferd gesetzt, ein anderer hielt den Zaum in der Hand, ein dritter hatte den Schwanz gepackt. Sie schenkte ein, soviel verlangt ward, bis die Quelle versiegte. Nicht lange, so fiel dem einen der Zaum aus der Hand, er sank nieder und fing an zu schnarchen, der andere ließ den Schwanz los, legte sich nieder und schnarchte noch lauter. Der, welcher im Sattel saß, blieb zwar sitzen, bog sich aber mit dem Kopf fast bis auf den Hals des Pferdes, schlief und blies mit dem Mund wie ein Schmiedebalg. Die Soldaten draußen waren schon längst eingeschlafen, lagen auf der Erde und regten sich nicht, als wären sie von Stein.

Als der Meisterdieb sah, daß es ihm geglückt war, gab er dem einen statt des Zaums ein Seil in die Hand, und dem andern, der den Schwanz gehalten hatte, einen Strohwisch; aber was sollte er mit dem, der auf dem Rücken des Pferdes saß, anfangen? Herunterwerfen wollte er ihn nicht, er hätte erwachen und ein Geschrei erheben können. Er wußte aber guten Rat, er schnallte den Sattelgurt auf, knüpfte ein paar Seile, die in Ringen an der Wand hingen, an den Sattel fest und zog den schlafenden Reiter mit dem Sattel in die Höhe, dann schlug er die Seile um den Pfosten und machte sie fest. Das Pferd hatte er bald von der Kette losgebunden, aber wenn er über das steinerne Pflaster des Hofs geritten wäre, so hätte man den Lärm im Schloß gehört. Er umwickelte ihm also zuvor die Hufen mit alten Lappen, führte es dann vorsichtig hinaus, schwang sich auf und jagte davon.

Als der Tag angebrochen war, sprengte der Meister auf dem gestohlenen Pferde zu dem Schloß. Der Graf war eben aufgestanden und blickte aus dem Fenster. »Guten Morgen, Herr Graf«, rief er ihm zu, »hier ist das Pferd, das ich glücklich aus dem Stall geholt habe. Schaut nur, wie schön Eure Soldaten daliegen und schlafen, und wenn Ihr in den Stall gehen wollt, so werdet Ihr sehen, wie bequem sich's Eure Wächter gemacht haben.« Der Graf mußte lachen, dann sprach er: »Einmal ist dir's gelungen, aber das zweite Mal wird's nicht so glücklich ablaufen. Und ich warne dich, wenn du mir als Dieb begegnest, so behandle ich dich auch wie einen Dieb.« Als die Gräfin abends zu Bette gegangen war, schloß sie die Hand mit dem Trauring fest zu, und der Graf sagte: »Alle Türen sind verschlossen und verriegelt, ich bleibe wach und will den Dieb erwarten; steigt er aber zum Fenster ein, so schieße ich ihn nieder.«

Der Meisterdieb aber ging in der Dunkelheit hinaus zu dem Galgen, schnitt einen armen Sünder, der da hing, von dem Strick ab und trug ihn auf dem Rücken nach dem Schloß. Dort stellte er eine Leiter an das Schlafgemach, setzte den Toten auf seine Schultern und fing an, hinaufzusteigen. Als er so hoch gekommen war, daß der Kopf des Toten in dem Fenster erschien, drückte der Graf, der in seinem Bett lauerte, eine Pistole auf ihn los; alsbald ließ der Meister den armen Sünder herabfallen, sprang selbst die Leiter herab und versteckte sich in eine Ecke. Die Nacht war von dem Mond so weit erhellt, daß der Meister deutlich sehen konnte, wie der Graf aus dem Fenster auf die Leiter stieg, herabkam und den Toten in den Garten trug. Dort fing er an, ein Loch zu graben, in das er ihn legen wollte. »Jetzt«, dachte der Dieb, »ist der günstige Augenblick gekommen«, schlich behende aus seinem Winkel und stieg die Leiter hinauf, geradezu ins Schlafgemach der Gräfin. »Liebe Frau«, fing er mit der Stimme des Grafen an, »der Dieb ist tot, aber er ist doch mein Pate, und mehr ein Schelm als ein Bösewicht gewesen; ich will ihn der öffentlichen Schande nicht preisgeben, auch mit den armen Eltern habe ich Mitleid. Ich will ihn, bevor der Tag anbricht, selbst im Garten begraben, damit die Sache nicht ruchbar wird. Gib mir auch das Bettuch, so will ich die Leiche einhüllen und ihn wie einen Hund verscharren.« Die Gräfin gab ihm das Tuch. »Weißt du was«, sagte der Dieb weiter, »ich habe eine Anwandlung von Großmut, gib mir noch den Ring; der Unglückliche hat sein Leben gewagt, so mag er ihn ins Grab mitnehmen.« Sie wollte dem Grafen nicht entgegen sein, und obgleich sie es ungern tat, so zog sie doch den Ring vom Finger und reichte ihn hin. Der Dieb machte sich mit beiden Stücken fort und kam glücklich nach Haus, bevor der Graf im Garten mit seiner Totengräberarbeit fertig war.

Was zog der Graf für ein langes Gesicht, als am andern Morgen der Meister kam und ihm das Bettuch und den Ring brachte. »Kannst du hexen!« sagte er zu ihm, »wer hat dich aus dem Grabe geholt, in das ich dich gelegt habe, und hat dich wieder lebendig gemacht?«

»Mich habt Ihr nicht begraben«, sagte der Dieb, »sondern den armen Sünder am Galgen«, und er erzählte ausführlich, wie es zugegangen war, und der Graf mußte ihm zugestehen, daß er ein gescheiter und listiger Dieb wäre. »Aber du bist noch nicht zu Ende«, setzte er hinzu, »du hast noch die dritte Aufgabe zu lösen, und wenn dir das nicht gelingt, so hilft dir alles nichts.« Der Meister lächelte und gab keine Antwort.

Als die Nacht eingebrochen war, kam er mit einem langen Sack auf dem Rücken, einem Bündel unter dem Arm und einer Laterne in der Hand zu der Dorfkirche gegangen. In dem Sack hatte er Krebse, in dem Bündel aber kurze Wachslichter. Er setzte sich auf den Gottesacker, holte einen Krebs heraus und klebte ihm ein Wachslichtchen auf den Rücken; dann zündete er das Lichtchen an, setzte den Krebs auf den Boden und ließ ihn kriechen. Er holte einen zweiten aus dem Sack, machte es mit diesem ebenso und fuhr fort, bis auch der letzte aus dem Sacke war. Hierauf zog er ein langes, schwarzes Gewand an, das wie eine Mönchskutte aussah, und klebte sich einen grauen Bart an das Kinn. Als er endlich ganz unkenntlich war, nahm er den Sack, in dem die Krebse gewesen waren, ging in die Kirche und stieg auf die Kanzel. Die Turmuhr schlug eben zwölf; als der letzte Schlag verklungen war, rief er mit lauter, gellender Stimme: »Hört an, ihr sündigen Menschen, das Ende aller Dinge ist gekommen, der jüngste Tag ist nahe; hört an, hört an. Wer mit mir in den Himmel will, der krieche in den Sack. Ich bin Petrus, der die Himmelstür öffnet und schließt. Seht ihr, draußen auf dem Gottesacker wandeln die Gestorbenen und sammeln ihre Gebeine zusammen. Kommt, kommt und kriecht in den Sack, die Welt geht unter.« Das Geschrei erschallte durch das ganze Dorf. Der Pfarrer und der Küster, die zunächst an der Kirche wohnten, hatten es zuerst vernommen, und als sie die Lichter erblickten, die auf dem Gottesacker umherwandelten, merkten sie, daß etwas Ungewöhnliches vorging und traten in die Kirche ein. Sie hörten der Predigt eine Weile zu, da stieß der Küster den Pfarrer an und sprach: »Es wäre nicht übel, wenn wir die Gelegenheit benutzten und zusammen vor dem Einbruch des Jüngsten Tages auf eine leichte Art in den Himmel kämen.«

»Freilich«, erwiderte der Pfarrer, »das sind auch meine Gedanken gewesen; habt Ihr Lust, so wollen wir uns auf den Weg machen.«

»Ja«, antwortete der Küster, »aber Ihr, Herr Pfarrer, habt den Vortritt, ich folge nach.« Der Pfarrer schritt also vor und stieg auf die Kanzel, wo der Meister den Sack öffnete. Der Pfarrer kroch zuerst hinein, dann der Küster. Gleich band der Meister den Sack fest zu, packte ihn am Bausch und schleifte ihn die Kanzeltreppe hinab; sooft die Köpfe der beiden Toren auf die Stufen aufschlugen, rief er: »Jetzt geht's schon über die Berge.« Dann zog er sie auf gleiche Weise durch das Dorf, und wenn sie durch Pfützen kamen, rief er: »Jetzt geht's schon durch die nassen Wolken«, und als er sie endlich die Schloßtreppe hinaufzog, so rief er, »jetzt sind wir auf der Himmelstreppe und werden bald im Vorhof sein.« Als er oben angelangt war, schob er den Sack in den Taubenschlag, und als die Tauben flatterten, sagte er: »Hört ihr, wie die Engel sich freuen und mit den Fittichen schlagen.« Dann schob er den Riegel vor und ging fort.

Am andern Morgen begab er sich zu dem Grafen und sagte ihm, daß er auch die dritte Aufgabe gelöst und den Pfarrer und Küster aus der Kirche weggeführt hätte. »Wo hast du sie gelassen?« fragte der Herr. »Sie liegen in einem Sack oben auf dem Taubenschlag und bilden sich ein, sie wären im Himmel.« Der Graf stieg selbst hinauf und überzeugte sich, daß er die Wahrheit gesagt hatte. Als er den Pfarrer und Küster aus dem Gefängnis befreit hatte, sprach er: »Du bist ein Erzdieb und hast deine Sache gewonnen. Für diesmal kommst du mit heiler Haut davon, aber mache, daß du aus meinem Lande fortkommst, denn wenn du dich wieder darin antreffen läßt, so kannst du auf deine Erhöhung am Galgen rechnen.« Der Erzdieb nahm Abschied von seinen Eltern, ging wieder in die weite Welt, und niemand hat wieder etwas von ihm gehört.

DAS LÄMMCHEN UND FISCHCHEN

Es war einmal ein Brüderchen und ein Schwesterchen, die hatten sich herzlich lieb. Ihre rechte Mutter war aber tot, und sie hatten eine Stiefmutter. Die war ihnen nicht gut und tat ihnen heimlich alles Leid an. Es trug sich zu, daß die zwei mit andern Kindern auf einer Wiese vor dem Haus spielten, und an der Wiese war ein Teich, der ging bis an die eine Seite vom Haus. Die Kinder liefen da herum, kriegten sich und spielten Abzählen:

»Eneke, Beneke, lat mi liewen,
will di ock min Vögelken giewen.
Vögelken sall mi Strau söken,
Strau will ick den Köseken giewen,
Köseken sall mi Melk giewen,
Köseken sall mi Melk giewen,
Bäcker soll mi'n Koken backen,
Kocken will ick den Kätken giewen,
Kätken sall mi Müse fangen,
Müse will ick 'n Rauck hangen
un will se anschnien.«

Dabei standen sie in einem Kreis, und auf welchen nun das Wort »anschnien« fiel, der mußte fortlaufen, und die anderen liefen ihm nach und fingen ihn. Wie sie so fröhlich dahinsprangen, sah's die Stiefmutter vom Fenster mit an und ärgerte sich. Weil sie aber Hexenkünste verstand, so verwünschte sie beide, das Brüderchen in einen Fisch und das Schwesterchen in ein Lamm. Da schwamm das Fischchen im Teich hin und her und war traurig, das Lämmchen ging auf der Wiese hin und her und war traurig und fraß nicht und rührte kein Hälmchen an. So ging eine lange Zeit hin, da kamen fremde Gäste auf das Schloß. Die falsche Stiefmutter dachte, jetzt ist die Gelegenheit gut, rief den Koch und sprach zu ihm: »Geh und hol das Lamm von der Wiese und schlacht's, wir haben sonst nichts für die Gäste.«

Da ging der Koch hin und holte das Lämmchen und führte es in die Küche und band ihm die Füßchen; das litt es alles geduldig. Wie er nun sein Messer herausgezogen hatte und auf der Schwelle wetzte, um es abzustechen, sah es, wie ein Fischlein in dem Wasser vor dem Gossenstein hin und her schwamm und zu ihm hinaufblickte. Das war aber das Brüderchen, denn als das Fischchen gesehen hatte, wie der Koch das Lämmchen fortführte, war es im Teich mitgeschwommen bis zum Haus. Da rief das Lämmchen hinab:

»Ach Brüderchen im tiefen See,
wie tut mir doch mein Herz so weh!
Der Koch, der wetzt das Messer,
will mir das Herz durchstechen.«

Das Fischchen antwortete:

»Ach Schwesterchen in der Höh,
wie tut mir doch mein Herz so weh!
In dieser tiefen See!«

Wie der Koch hörte, daß das Lämmchen sprechen konnte und so traurige Worte zu dem Fischchen hinabrief, erschrak er und dachte, es müßte kein natürliches Lämmchen sein, sondern wäre von der bösen Frau im Haus verwünscht. Da sprach er: »Sei ruhig, ich will dich nicht schlachten«, nahm ein anderes Tier und bereitete das für die Gäste und brachte das Lämmchen zu einer guten Bäuerin. Der erzählte er alles, was er gesehen und gehört hatte. Die Bäuerin war aber gerade die Amme von dem Schwesterchen gewesen, vermutete gleich, wer's sein würde und ging mit ihm zu einer weisen Frau. Da sprach die weise Frau einen Segen über das Lämmchen und Fischchen, wovon sie ihre menschliche Gestalt wiederbekamen, und danach führte sie beide in einen großen Wald in ein kleines Häuschen, wo sie einsam, aber zufrieden und glücklich lebten.

DAS IST GENUG, UM DAMIT WEITERZUKOMMEN

Da waren ein kleiner Junge und ein kleines Mädchen, und sie lebten in einer armen kleinen Hütte, und sie hatten nie genug zu essen, aber ihre Großmutter lehrte sie gute Manieren, und die Leute hatten sie gern deswegen, und manchmal gaben sie ihnen einen Bissen – alte Kohlblätter, ein bißchen verschrumpelt, oder Rüben für den Topf, sogar ein paar Bohnen für die Suppe, oder altbackene Krusten, die die Hühner übrigließen. »Nicht mehr, bitte. Das ist genug, um damit weiterzukommen, herzlichen Dank«, sagten sie immer, wenn sie es bekommen hatten.

Nun, da war ein reicher, fetter Bauer, der nahebei wohnte, mit feinen Obstgärten und Kornspeichern und einer Herde Kühe, aber er verkaufte jedes Kohlblatt, und er zählte alle seine Rüben. Er hatte nie ein wenig Fleisch oder Krusten übrig, so wurde er reicher und reicher und fetter und fetter. Wenn der kleine Junge und das kleine Mädchen ihre Ziege zum Grasen mitnahmen, mußten sie einen Weg nahe an seinen Feldern entlang gehen, und sein Hund jagte sie weg. Und er kam und warf mit Steinen nach der alten Großmutter, und er pflückte Zweige ab auf ihrem eigenen kleinen Land und sagte, sie sei eine Hexe und stehle die Milch seiner Kühe, und das war eine schreckliche Lüge. Ihre Ziege gab gerade ein Schlückchen Milch für sie. So mußten der Junge und das Mädchen und die Ziege weiter fortgehen, um Gras zu finden, das der Bauer nicht seines nennen konnte.

Eines Tages zerriß die arme Ziege ihre Kordel und rannte weg in den Wald des Zwerges, wo das Gras dick wuchs. Der kleine Junge und das kleine Mädchen rannten hinter der Ziege her, weil sie wußten, daß niemand jemals dahineinging, und sie waren sehr erschrokken, aber sie erinnerten sich an ihre guten Manieren, und sie riefen: »Bitte vergib unserer hungrigen Ziege! Können wir in deinen Wald kommen und sie fangen? Danke schön.« Und sie gingen weiter. Aber die Ziege fraß kein Gras, sie fraß Erdbeeren, denn der Wald war rot davon. Der kleine Junge und das kleine Mädchen schauten und schauten, und dann sagten sie: »Wir sind sehr hungrig. Dürfen wir eine Handvoll pflücken?«

Und der Zwerg rief: »Pflückt alle, die ihr wollt.«

Aber die Erdbeeren waren verzaubert, und man muß weiteressen, es sei denn, man sagt danke. Die Großmutter hatte sie gut gelehrt, und sie pflückten nur eine doppelte Handvoll, um sie ihr mit nach Hause zu bringen, und sie aßen viel weniger als die Ziege und sagten: »Nicht mehr, bitte. Das ist genug, um damit weiterzukommen, herzlichen Dank.« Da konnte die Ziege mit dem Verschlingen aufhören und heil mit ihnen aus dem Wald gehen.

Danach waren sie nie knapp an Milch, und die reifen Erdbeeren wuchsen auf ihrem kleinen Stückchen Land das ganze Jahr hindurch, und nie mehr war einer hungrig. Eines Tages nun erspähte der fette Bauer ihre Erdbeeren ganz rot im Schnee, und er öffnete ihre Gartentür und kam herein.

»Wo stahlt ihr die Erdbeeren, die ich zum Verkaufen aufziehe?« schrie er, und das war eine schreckliche Lüge. Aber sie erzählten ihm, daß sie aus dem Wald des Zwerges kamen. »Der Wald gehört mir auch«, brüllte er, und das war eine noch schlimmere Lüge.

Dann pflückte er die Erdbeeren im Garten und begann, sie alle zu essen. Dann wollte der Bauer noch mehr.

»Sie wachsen im Wald des Kleinen Mannes«, sagten die Kinder, und er rannte, so schnell er konnte, dahin. Da waren Hunderte von Beeren, die im Schnee wuchsen, und er aß und aß, und er konnte nicht aufhören, und er aß und er aß, denn er wußte nicht, wie man sagt »Das ist genug« oder »Herzlichen Dank«, und so aß und aß er den ganzen Tag und die ganze Nacht und die ganze Woche hindurch, und als der Sonntag kam, platzte er mit einem Knall.

DER HIMMELHOHE BAUM

Es war einmal, vielleicht auch nicht, jenseits des Operenzenmeeres, diesseits der Glasberge, aber noch weiter als die Kleienschober –, es war also einmal ein König, der hatte eine wunderschöne Tochter. In seinem Garten stand ein himmelhoher Baum. Eines Tages aber erhob sich ein Wirbelwind, der Sturm packte die Prinzessin und trug sie fort in die Burg des neunköpfigen Drachen.

Der König hatte einen Traum, und als er aufwachte, ließ er verkünden, daß derjenige, der seine Tochter wiederbringe, sein Königreich erhalte. Da machten sich viele Prinzen, Grafen und Barone auf den Weg, doch sie alle gelangten kaum bis zur Hälfte des Weges. Der König aber hatte einen Schweinehirten in der Stadt. Unter den Schweinen befand sich ein kleines, räudiges Ferkel, das keiner der anderen Schweinehirten pflegte, nur Hänschen. Unvermutet fing das Ferkel zu sprechen an: »Hänschen, weißt du, daß der Sturm die Prinzessin auf den himmelhohen Baum getragen hat? Weißt du, daß die Prinzen, Grafen und Barone versucht haben, den himmelhohen Baum zu erklettern, aber kaum bis zur Hälfte des Weges gelangten und schließlich unverrichteter Dinge umkehren mußten? Begib dich zum König und sage ihm, er soll den Büffel mit den stumpfen Hörnern schlachten lassen. Daraus nähe man dir sieben Paar Bundschuhe und sieben Anzüge. Auch Wegzehrung für sieben Wochen gebe er dir. Dann geh hin und klettere auf den himmelhohen Baum!«

Hänschen erschien also vor dem König: »Erhabener König! Mein Leben und mein Tod gehören Euch. Gestattet mir, den himmelhohen Baum zu besteigen, um die Prinzessin heimzubringen.«

Neben dem König saß der Hofnarr. Mit dem beriet sich der König. »Was meinst du dazu, Narr?«
»Laßt mich davonjagen, Herr König, und macht diesen Schweinehirten zum Hofnarren!«
Der kleine Schweinehirt rief da: »Ich will's euch schon zeigen, daß ich dennoch die Prinzessin heimbringe!«
Darauf sprach der König: »Geh also, doch bringst du sie nicht wieder, so sollst du vom Baume herunterpurzeln, daß dir jedes Glied im Leibe in tausend Stücke bricht!«
Hänschen machte sich aber nicht Hals über Kopf daran, den himmelhohen Baum zu ersteigen, sondern nahm auch seine kleine Axt mit. Wo sich kein Ast befand, dort schlug er eine Stufe in den Stamm, und so klomm er immer höher und höher. Als er bereits das siebente Paar Bundschuhe verbraucht hatte, erreichte er den langen Ast, wie ihm das räudige Ferkel gesagt. Da sah er eine Burg, die sich auf diamantenen Säulen drehte. Sie hatte siebentausend Fenster und siebentausend Treppen. Hänschen dachte bei sich: Da will ich hineingehen. Er trat auf die Treppenstufe, doch immer wieder fiel er zurück. Als sich die Treppe gerade nach vorne drehte, schlug er mit seiner kleinen Axt zu, dann hängte er sich fest daran, so daß er nun die Treppe ersteigen konnte. Wen aber erblickte er, als er die höchste Stufe erklommen hatte? Niemand anderen als die Prinzessin. Voller Staunen rief sie: »Hänschen, wie gelang es dir nur, herzukommen, wo nicht einmal ein Vogel zu sehen ist?!«
»Euretwegen, Prinzessin, erstieg ich den himmelhohen Baum. Jetzt kommt mit mir nach Hause zurück!«
Da trat der neunköpfige Drache hervor: »Was suchst du hier, du Menschenzwerg?«
Schnell sagte die Prinzessin: »Das ist mein kleiner Diener. Er kam, um mir auch hier oben zu dienen!«
»Es sei denn«, sagte der Drache. »Dort im Stall findest du einen kranken Schimmel. Deine Arbeit wird also daraus bestehen, ihn zu füttern und zu tränken, aber tu immer das Gegenteil von dem, was

er dir sagt.« Der Schimmel war derart elend daran, daß er nur noch am Boden lag und sich nicht erheben konnte. Hänschen machte sich gleich an die Arbeit, gab ihm Heu und Hafer und striegelte und fütterte ihn. Plötzlich begann der kranke Schimmel zu sprechen:
»Hänschen, geh in den Keller hinunter, dort findest du ein Schwert und einen Sattel. Bring sie her, denn wir wollen auf die Jagd gehen.«
Sie zogen also auf die Jagd, durch einen dichten Wald. Der Schimmel ließ sich abermals vernehmen:
»In diesem Wald haust ein Wildeber, der in seinem Kopf einen lebendigen Hasen hat. Im Kopfe des Hasen aber befinden sich sieben Pferdebremsen. Gelingt es uns, diese sieben Pferdebremsen zu vernichten, so ist es auch mit dem Drachen aus!«
Sie zogen also durch den dichten Wald. Da sprang ihnen wütend der Wildeber entgegen. Hänschen dachte bei sich: »Gott steh mir bei, denn gleich frißt mich das Untier!«
Er sprang aber schnurstracks vom Pferde und schlug dem Wildeber den Kopf entzwei. Als der Eberkopf auseinanderfiel, schlupfte der Hase heraus. Im selben Augenblick hatte ihn das fünfbeinige Pferd niedergetreten und Hänschen schlug auch ihm den Kopf entzwei. Da fiel eine Schachtel heraus. Man hörte drin die Pferdebremsen summen, als gäbe es eine große Dorfversammlung. Als Hänschen auch diese vernichtet hatte, begab er sich frohgemut nach Hause. Da fand er den Drachen bereits im Sterben. Hänschen sprach:
»Für deine Sünden laß einen Krug Wein holen!« Sie tranken aus.
»Nun laß einen Krug Wein holen für die Sünden deines Vaters und deiner Mutter! Damit du dich nicht beklagst, durstig ins Jenseits gehen zu müssen. Aber jetzt her mit dem Schwert! Jetzt mußt du sterben!«
Da jammerte der Drache: »Töte mich nicht!«
Mit diesen Worten fiel der Drache um und schlief fest ein. Hänschen nahm das Schwert und schlug ihm alle neun Köpfe ab. Nun war die Prinzessin befreit, und er freute sich darauf, mit ihr ein glückliches und zufriedenes Leben zu führen.

Eines Tages aber begann Hänschen zu grübeln:
»Wie wird es uns im Herbst ergehen, wenn die Blätter vom Baume fallen? Wir können dann herunterpurzeln, daß uns jedes Glied im Leibe in tausend Stücke bricht!« Der fünfbeinige Schimmel wußte es schon, warum sein lieber Herr so traurig wurde. Er sprach:
»Packt alles zusammen, was ihr braucht, dann setzt euch auf meinen Rücken und macht die Augen zu!«
Kaum hatten sie die Augen geschlossen, da waren sie auch schon am Hofe des alten Königs. Hänschen sprang behende vom fünfbeinigen Schimmel und hob die Prinzessin herunter. Dann saß er selbst wieder auf und ritt so schnell wie der Sturmwind fort bis zum oberen Stadtrand, denn er wollte sich vor der Prinzessin nicht in solchen Lumpen zeigen. Hier stieg er vom fünfbeinigen Roß, ließ sich ein prächtiges Schloß erbauen und kaufte sich einen großen Spiegel, der bis zur Erde herabreichte. Danach ließ er die Schneider kommen und sich Kleider machen. Nun stellte er sich vor den Spiegel, um zu sehen, ob er jetzt fein und herrschaftlich genug aussehe. Dann machte er sich auf ins Königsschloß und hielt um die Hand der Prinzessin an.
Zuerst begegnete er dem König. Der König sagte ihm, daß er die Prinzessin niemandem zur Frau geben wolle, solange man nichts über ihren Befreier wisse, solange man nicht wisse, ob dieser lebe oder gestorben sei.
Da kam die Prinzessin herbei:
»Liebes Hänschen! Du hast mir das Leben gerettet. So will ich auch dein trautes Weib sein, bis sich der Deckel des Sarges über mir schließt!«
Wer's nicht glaubt, zahlt einen Taler.

SIEBENSOMMER

Zwei Brüder reisten einmal miteinander, der eine war arm, der andere ein reicher und angesehener Mann. Jeder von ihnen hatte ein Pferd, der Arme eine Stute, der Reiche einen Wallach. Nachts fohlte die Stute des Armen, doch das Fohlen rollte unter den Wagen des reichen Bruders. Der weckte am Morgen den Armen: »Steh auf, Bruder. Mein Wagen hat heut nacht ein Fohlen geworfen.«

Der Bruder erhob sich vom Lager und wandte ein: »Wie kann ein Wagen Fohlen werfen? Meine Stute hat gefohlt.«

Der Reiche erwiderte: »Hätte deine Stute gefohlt, so läge das Fohlen bei ihr.«

So stritten sie hin und her und gingen schließlich zum Kadi. Der Reiche beschenkte den Richter mit Geld, der Arme hatte nichts als die Wahrheit, um sein Recht zu erwirken.

Der Streitfall kam auch dem Zaren zu Ohren. Er ließ die Brüder zu sich kommen und gab ihnen vier Rätsel auf.

»Was ist am stärksten und schnellsten, was am fettesten, was am weichsten und was das Herzliebste auf der Welt?«

Und er gewährte ihnen drei Tage Zeit zum Nachdenken. »Am vierten Tag sollt ihr mit der Antwort bei mir sein«, gebot der Zar.

Der Reiche zerbrach sich weidlich den Kopf, dann fiel ihm ein, daß er eine schlaue Base hatte, und er ging zu ihr. Die Base bat ihn zu Tisch, bewirtete ihn mit Speis und Trank und fragte: »Warum seid Ihr so griesgrämig, Gevatter?«

»Der Zar gab mir vier Rätsel auf, und ich habe nur drei Tage Zeit zum Raten.«

»Erzählt mal, wie lauten die Rätsel?«

»Hier das erste: Was ist das Stärkste und Schnellste auf der Welt?«
»Das soll ein schweres Rätsel sein?! Mein Mann hat eine braune Stute, eine schnellere gibt es nicht. Sie braucht nur die Peitsche zu spüren, dann läuft sie schneller als ein Hase.«
»Das zweite Rätsel: Was ist am fettesten auf der Welt?«
»Seit dem vorigen Jahr mästen wir einen fleckigen Eber, der ist so fett, daß ihn seine Beine nicht mehr tragen.«
»Das dritte Rätsel: Was ist am weichsten auf der Welt?«
»Gewiß doch ein Daunenbett, das weiß jedermann! Etwas Weicheres gibt es nicht.«
»Und das vierte Rätsel: Was ist das Herzliebste auf der Welt?«
»Mein Enkelkindchen Iwanuschka, das ist das Herzliebste auf der Welt.«
»Ich danke dir, Base, daß du mich so klug belehrt hast. Ich werd es dir ewig danken.«
Bittere Tränen weinend, ging der arme Bruder nach Haus. Sein Töchterlein erwartete ihn, das sieben Sommer zählte. Sonst hatte er niemand auf der Welt.
»Warum seufzt du, Vater, und vergießt Tränen?«
»Wie sollte ich nicht seufzen und Tränen vergießen? Der Zar hat mir vier Rätsel aufgegeben, die ich im Leben nicht erraten werde.«
»Wie lauten sie?«
»Hör zu, Töchterchen. Was ist am stärksten und schnellsten, was ist am fettesten, was ist am weichsten, und was ist das Herzliebste auf der Welt?«
»Geh zum Zaren, Väterchen, und sag ihm: Nichts ist stärker und schneller als der Wind, nichts fetter als die Erde, die allen Lebewesen Nahrung gibt, nichts ist weicher als die Hand, denn ein jeder bettet sie unters Haupt, und etwas Herzlieberes als den Schlaf gibt es nicht.«
Die beiden Brüder, der arme und der reiche, traten vor den Zaren. Der Zar hörte sie an und fragte den Armen:
»Bist du selber drauf gekommen, oder hat dir jemand geholfen?«

Der Arme versetzte: »Eure Majestät, ich habe ein Töchterchen, sieben Sommer zählt es, das hat mir geholfen.«
»Ist deine Tochter so weise, so nimm dies Seidenfädchen hier. Sie soll mir bis morgen früh ein schöngemustertes Handtuch daraus weben!«
Der Mann nahm den Seidenfaden und wanderte heimwärts, trüb und traurig.
»O wir Armen, der Zar hat befohlen, aus diesem Fädchen ein Handtuch zu weben.«
»Härme dich nicht, Väterchen«, sprach Siebensommer.
Und sie brach ein Reis vom Besen ab, gab es dem Vater und trug ihm auf: »Geh zum Zaren und sag ihm, er solle einen Meister finden, der aus diesem Reis einen Webstuhl baut, dann werd ich das Handtuch weben.«
Der Mann richtete es dem Zaren aus. Der gab ihm zweieinhalb Mandeln* Eier.
»Bringe das deiner Tochter und sag ihr, morgen früh will ich hundertfünfzig ausgebrütete Küken sehen.«
Noch trüber, noch trauriger kehrte der Mann in seine Hütte zurück.
»Weh uns, Töchterchen. Kaum ist ein Unglück vorbei, kommt schon das nächste.«
»Gräm dich nicht, Väterchen«, antwortete Siebensommer.
Die Eier röstete sie im Ofen hart und legte sie fort zum Mittag- und Abendbrot. Den Vater hieß sie, zum Zaren gehen.
»Sag ihm, die Küken brauchen Eintagshirse zum Futter. Binnen eines Tags muß das Feld gepflügt, besät und die Hirse geschnitten und gedroschen sein. Andere Hirse fressen unsere Küken nicht.«
Der Zar hörte sich die Antwort an und sprach: »Deine kluge Tochter soll morgen früh bei mir erscheinen – nicht zu Fuß, noch zu Pferd, nicht bloß, noch in Kleidern, und sie soll mir etwas mitbringen und doch nichts schenken.«

* = 40 Stück

Eine verzwickte Aufgabe, dachte der Mann, auch meine kluge Tochter wird sie nicht lösen. Diesmal geht es uns an den Kragen.
Doch Siebensommer, die Tochter, tröstete ihn: »Härm dich nicht, Väterchen. Geh zu den Jägern, kauf mir einen Hasen und eine Wachtel, beide lebendig.«
Der Vater tat, wie ihm geheißen.
Tags darauf zog Siebensommer die Kleider aus und hüllte sich in ein Fischnetz. Die Wachtel in der Hand, setzte sie sich rittlings auf den Hasen, und der trug sie zu des Zaren Schloß.
Der Zar erwartete sie vor dem Tor. Siebensommer verneigte sich vor ihm.
»Ich habe dir ein Geschenk mitgebracht, hoher Zar.« Und sie reichte ihm die Wachtel. Der Zar streckte wohl die Hand aus, doch die Wachtel flatterte empor.
»Gut«, lobte der Zar. »Du hast mein Gebot erfüllt. Nun sag mir auch, wovon ihr euch ernährt, da dein Vater doch arm ist.«
»Mein Vater fängt Fische auf dem Sand, die trage ich im Rock nach Haus und koche eine Suppe draus.«
»Wie dumm du bist! Hast du je gehört, daß Fische auf dem Sand leben und nicht im Wasser schwimmen?«
»Und du bist klug! Hast du je gehört, daß ein Wagen fohlt und nicht die Stute?« Da fällte der Zar seinen Spruch, und der arme Mann bekam sein Fohlen.

SPINDEL, WEBERSCHIFFCHEN UND NADEL

Es war einmal ein Mädchen, dem starben Vater und Mutter, als es noch ein kleines Kind war. Am Ende des Dorfes wohnte in einem Häuschen ganz allein seine Patin, die sich vom Spinnen, Weben und Nähen ernährte. Die Alte nahm das verlassene Kind zu sich, hielt es zur Arbeit an und erzog es in aller Frömmigkeit. Als das Mädchen fünfzehn Jahre alt war, erkrankte sie, rief das Kind an ihr Bett und sagte: »Liebe Tochter, ich fühle, daß mein Ende herannaht, ich hinterlasse dir das Häuschen, darin bist du vor Wind und Wetter geschützt, dazu Spindel, Weberschiffchen und Nadel, damit kannst du dir dein Brot verdienen.« Sie legte noch die Hände auf seinen Kopf, segnete es und sprach: »Behalt nur Gott im Herzen, so wird dir's wohlgehen.« Darauf schloß sie die Augen, und als sie zur Erde bestattet wurde, ging das Mädchen bitterlich weinend hinter dem Sarg und erwies ihr die letzte Ehre.

Das Mädchen lebte nun in dem kleinen Haus ganz allein, war fleißig, spann, webte und nähte, und auf allem, was es tat, ruhte der Segen der guten Alten. Es war, als ob sich der Flachs in der Kammer von selbst mehrte, und wenn sie ein Stück Tuch oder einen Teppich gewebt oder ein Hemd genäht hatte, so fand sich gleich ein Käufer, der es reichlich bezahlte, so daß sie keine Not empfand und anderen noch etwas mitteilen konnte.

Um diese Zeit zog der Sohn des Königs im Land umher und wollte sich eine Braut suchen. Eine arme sollte er nicht wählen und eine reiche wollte er nicht. Da sprach er: »Die soll meine Frau werden, die zugleich die ärmste und die reichste ist.« Als er in das Dorf kam, wo das Mädchen lebte, fragte er, wie er überall tat, wer in dem Ort die Reichste und die Ärmste wäre. Sie nannten ihm die Reichste zuerst;

die Ärmste, sagten sie, wäre das Mädchen, das in dem kleinen Haus ganz am Ende wohnte.

Die Reiche saß vor der Haustür in vollem Putz, und als der Königssohn sich näherte, stand sie auf, ging ihm entgegen und neigte sich vor ihm. Er sah sie an, sprach kein Wort und ritt weiter. Als er zu dem Haus der Armen kam, stand das Mädchen nicht an der Türe, sondern saß in seinem Stübchen. Er hielt das Pferd an und sah durch das Fenster, durch das die helle Sonne schien, das Mädchen an dem Spinnrad sitzen und emsig spinnen. Es blickte auf, und als es bemerkte, daß der Königssohn hereinschaute, ward es über und über rot, schlug die Augen nieder und spann weiter; ob der Faden diesmal ganz gleich ward, weiß ich nicht, aber es spann so lange, bis der Königssohn wieder weggeritten war. Dann trat es ans Fenster, öffnete es und sagte: »Es ist so heiß in der Stube«, aber es blickte ihm nach, solange es noch die weißen Federn an seinem Hut erkennen konnte.

Das Mädchen setzte sich wieder in seine Stube zur Arbeit und spann weiter. Da kam ihm ein Spruch in den Sinn, den die Alte manchmal gesagt hatte, wenn es bei der Arbeit saß, und es sang so vor sich hin:

»Spindel, Spindel, geh du aus,
Bring den Freier in mein Haus.«

Was geschah? Die Spindel sprang ihm augenblicklich aus der Hand und zur Tür hinaus; und als es vor Verwunderung aufstand und ihr nachblickte, so sah es, daß sie lustig in das Feld hineintanzte und einen glänzenden goldenen Faden hinter sich herzog. Nicht lange, so war sie ihm aus den Augen entschwunden. Das Mädchen, da es keine Spindel mehr hatte, nahm das Weberschiffchen in die Hand, setzte sich an den Webstuhl und fing an zu weben.

Die Spindel aber tanzte immer weiter, und eben als der Faden zu Ende war, hatte sie den Königssohn erreicht. »Was sehe ich?« rief er, »die Spindel will mir wohl den Weg zeigen«, drehte sein Pferd um und ritt an dem goldenen Faden zurück. Das Mädchen aber saß an seiner Arbeit und sang:

»Schiffchen, Schiffchen, webe fein,
Führ den Freier mir herein.«

Alsbald sprang ihr das Schiffchen aus der Hand und sprang zur Tür hinaus. Vor der Türschwelle aber fing es an, einen Teppich zu weben, schöner, als man je einen gesehen hat. Auf beiden Seiten blühten Rosen und Lilien und in der Mitte auf goldenem Grunde stiegen grüne Ranken herauf, darin sprangen Hasen und Kaninchen, Hirsche und Rehe streckten ihre Köpfe dazwischen, oben in den Zweigen saßen bunte Vögel; es fehlte nichts, als daß sie gesungen hätten. Das Schiffchen sprang hin und her, und es war, als wüchse alles von selber. Weil das Schiffchen fortgelaufen war, hatte sich das Mädchen zum Nähen hingesetzt. Es hielt die Nadel in der Hand und sang:

»Nadel, Nadel, spitz und fein,
Mach das Haus dem Freier rein.«

Da sprang ihr die Nadel aus den Fingern und flog in der Stube hin und her, so schnell wie der Blitz. Es war nicht anders, als wenn unsichtbare Geister arbeiteten, alsbald überzogen sich Tische und Bänke mit grünem Tuch, die Stühle mit Sammet, und an den Fenstern hingen seidene Vorhänge herab. Kaum hatte die Nadel den letzten Stich getan, so sah das Mädchen schon durch das Fenster die weißen Federn von dem Hut des Königssohns, den die Spindel an dem goldenen Faden herbeigeholt hatte. Er stieg ab, schritt über den Teppich in das Haus herein, und als er in die Stube trat, stand das Mädchen da in seinem ärmlichen Kleid, aber es glühte darin wie eine Rose im Busch.

»Du bist die Ärmste und auch die Reichste«, sprach er zu ihr, »komm mit mir, du sollst meine Braut sein.« Sie schwieg, aber sie reichte ihm die Hand. Da gab er ihr einen Kuß, führte sie hinaus, hob sie auf sein Pferd und brachte sie in das königliche Schloß, wo die Hochzeit mit großer Freude gefeiert ward. Spindel, Weberschiffchen und Nadel wurden in der Schatzkammer verwahrt und in großen Ehren gehalten.

DER GOLDENE SCHLÜSSEL

Zur Winterszeit, als einmal ein tiefer Schnee lag, mußte ein armer Junge hinausgehen und Holz auf einem Schlitten holen. Wie er es nun zusammengesucht und aufgeladen hatte, wollte er, weil er so erfroren war, noch nicht nach Hause gehen, sondern erst Feuer anmachen und sich ein bißchen wärmen. Da scharrte er den Schnee weg, und wie er so den Erdboden aufräumte, fand er einen kleinen goldenen Schlüssel. Nun glaubte er, wo der Schlüssel wäre, müßte auch das Schloß dazu sein, grub in der Erde und fand ein eisernes Kästchen. Wenn der Schlüssel nur paßt, dachte er, es sind gewiß kostbare Sachen in dem Kästchen. Er suchte, aber es war kein Schlüsselloch da, endlich entdeckte er eins, aber so klein, daß man es kaum sehen konnte. Er probierte, und der Schlüssel paßte glücklich. Da drehte er einmal herum, und nun müssen wir warten, bis er vollends aufgeschlossen und den Deckel aufgemacht hat, dann werden wir erfahren, was für wunderbare Sachen in dem Kästchen lagen.

DER GELERNTE JÄGER

Es war einmal ein junger Bursch, der hatte die Schlosserhantierung gelernt und sprach zu seinem Vater, er wollte jetzt in die Welt gehen und sich versuchen. »Ja«, sagte der Vater, »das bin ich zufrieden«, und gab ihm etwas Geld auf die Reise. Also zog er herum und suchte Arbeit. Auf eine Zeit, da wollt' ihm das Schlosserhandwerk nicht mehr folgen und stand ihm auch nicht mehr an, aber er kriegte Lust zur Jägerei. Da begegnete ihm auf der Wanderschaft ein Jäger in grünem Kleide, der fragte, wo er herkäme und wo er hinwollte. Er wäre ein Schlossergesell, sagte der Bursch, aber das Handwerk gefiele ihm nicht mehr, und er hätte Lust zur Jägerei, ob er ihn als Lehrling annehmen wollte. »O ja, wenn du mit mir gehen willst.« Da ging der junge Bursch mit, vermietete sich etliche Jahre bei ihm und lernte die Jägerei. Danach wollte er sich weiter versuchen, und der Jäger gab ihm nichts zum Lohn als eine Windbüchse, die hatte aber die Eigenschaft, wenn er damit einen Schuß tat, so traf er unfehlbar.

Da ging er fort und kam in einen sehr großen Wald, von dem konnte er in einem Tag das Ende nicht finden. Wie's Abend war, setzte er sich auf einen hohen Baum, damit er den wilden Tieren entkäme. Gegen Mitternacht zu, deuchte ihm, schimmerte ein kleines Lichtchen von weitem, da sah er durch die Äste darauf hin und behielt in acht, wo es war. Doch nahm er erst noch seinen Hut und warf ihn nach dem Licht zu herunter, daß er danach gehen wollte, wann er herabgestiegen wäre, als nach einem Zeichen. Nun kletterte er herunter, ging auf seinen Hut los, setzte ihn wieder auf und zog geradewegs fort. Je weiter er ging, je größer ward das Licht, und wie er nahe dabei kam, sah er, daß es ein gewaltiges Feuer war, und saßen

drei Riesen dabei und hatten einen Ochsen am Spieß und ließen ihn braten.
Nun sprach der eine: »Ich muß doch schmecken, ob das Fleisch bald zu essen ist«, riß ein Stück herab und wollt es in den Mund stecken, aber der Jäger schoß es ihm aus der Hand. »Nun ja«, sprach der Riese, »da weht mir der Wind das Stück aus der Hand«, und nahm sich ein anderes. Wie er eben anbeißen wollte, schoß es ihm der Jäger abermals weg; da gab der Riese dem, der neben ihm saß, eine Ohrfeige und rief zornig: »Was reißt du mir mein Stück weg?«
»Ich habe es nicht weggerissen«, sprach der andere, »es wird dir's ein Scharfschütz weggeschossen haben.«
Der Riese nahm sich das dritte Stück, konnte es aber nicht in der Hand behalten, der Jäger schoß es ihm heraus. Da sprachen die Riesen: »Das muß ein guter Schütze sein, der den Bissen vor dem Maul wegschießt, so einer wäre uns nützlich«, und riefen laut: »Komm herbei, du Scharfschütze, setze dich zu uns ans Feuer und iß dich satt, wir wollen dir nichts tun; aber kommst du nicht, und wir holen dich mit Gewalt, so bist du verloren.«
Da trat der Bursch herzu und sagte, er wäre ein gelernter Jäger, und wonach er mit seiner Büchse ziele, das treffe er auch sicher und gewiß. Da sprachen sie, wenn er mit ihnen gehen wollte, sollte er's gut haben und erzählten ihm, vor dem Wald sei ein großes Wasser, dahinter ständ ein Turm, und in dem Turm säß eine schöne Königstochter, die wollten sie gern rauben.
»Ja«, sprach er, »die will ich bald geschafft haben.«
Sagten sie weiter: »Es ist aber noch etwas dabei, es liegt ein kleines Hündchen dort, das fängt gleich an zu bellen, wenn sich jemand nähert, und sobald das bellt, wacht auch alles am königlichen Hofe auf, und deshalb können wir nicht hineinkommen; unterstehst du dich, das Hündchen totzuschießen?«
»Ja«, sprach er, »das ist mir ein kleiner Spaß.«
Danach setzte er sich auf ein Schiff und fuhr über das Wasser, und wie er bald beim Land war, kam das Hündlein gelaufen und wollte

bellen, aber er kriegte seine Windbüchse und schoß es tot. Wie die Riesen das sahen, freuten sie sich und meinten, sie hätten die Königstochter schon gewiß, aber der Jäger wollte erst sehen, wie die Sache beschaffen war, und sprach, sie sollten haußen bleiben, bis er sie riefe. Da ging er in das Schloß, und es war mäuschenstill darin, und schlief alles. Wie er das erste Zimmer aufmachte, hing da ein Säbel an der Wand, der war von purem Silber, und war ein goldener Stern darauf und des Königs Name; daneben aber lag auf einem Tisch ein versiegelter Brief, den brach er auf, und es stand darin, wer den Säbel hätte, könnte alles ums Leben bringen, was ihm vorkäme. Da nahm er den Säbel von der Wand, hing ihn um und ging weiter; da kam er in das Zimmer, wo die Königstochter lag und schlief; und sie war so schön, daß er still stand und sie betrachtete und den Atem anhielt. Er dachte bei sich selbst: Wie darf ich eine unschuldige Jungfrau in die Gewalt der wilden Riesen bringen, die haben Böses im Sinn. Er schaute sich weiter um, da standen unter dem Bett ein Paar Pantoffeln, auf dem rechten stand ihres Vaters Name mit einem Stern und auf dem linken ihr eigener Name mit einem Stern. Sie hatte ein großes Halstuch um, von Seide mit Gold ausgestickt, auf der rechten Seite ihres Vaters Name, auf der linken ihr Name, alles mit goldenen Buchstaben. Da nahm der Jäger eine Schere und schnitt den rechten Schlippen ab und tat ihn in seinen Ranzen, und dann nahm er auch den rechten Pantoffel mit des Königs Namen und steckte ihn hinein. Nun lag die Jungfrau noch immer und schlief, und sie war ganz in ihr Hemd eingenäht; da schnitt er auch ein Stückchen von dem Hemd ab und steckt es zu dem andern, doch tat er alles, ohne sie anzurühren. Dann ging er fort und ließ sie ungestört schlafen, und als er wieder ans Tor kam, standen die Riesen noch draußen, warteten auf ihn und dachten, er würde die Königstochter bringen. Er rief ihnen aber zu, sie sollten hereinkommen, die Jungfrau wäre schon in seiner Gewalt; die Tür könnte er ihnen aber nicht aufmachen, aber da wäre ein Loch, durch welches sie kriechen müßten. Nun kam der erste näher, da wickelte der Jäger des Riesen

Haar um seine Hand, zog den Kopf herein und hieb ihn mit seinem Säbel in einem Streich ab, und zog ihn dann vollends herein. Dann rief er den zweiten, und hieb ihm gleichfalls das Haupt ab, und endlich auch den dritten, und war froh, daß er die schöne Jungfrau von ihren Feinden befreit hatte und schnitt ihnen die Zunge aus und steckte sie in den Ranzen. Da dachte er: Ich will heimgehen zu meinem Vater und ihm zeigen, was ich schon getan habe, dann will ich in der Welt herumziehen; das Glück, das mir Gott bescheren will, wird mich schon erreichen.

Der König in dem Schloß aber, als er aufwachte, erblickte er die drei Riesen, die da tot lagen. Dann ging er in die Schlafkammer seiner Tochter, weckte sie auf und fragte, wer das wohl gewesen wäre, der die Riesen ums Leben gebracht hätte. Da sagte sie: »Lieber Vater, ich weiß es nicht, ich habe geschlafen.« Wie sie nun aufstand und ihre Pantoffeln anziehen wollte, da war der rechte weg, und wie sie ihr Halstuch betrachtete, war es durchschnitten und fehlte der rechte Schlippen, und wie sie ihr Hemd ansah, war ein Stückchen heraus. Der König ließ den ganzen Hof zusammenkommen, Soldaten und alles, was da war, und fragte, wer seine Tochter befreit und die Riesen ums Leben gebracht hätte? Nun hatte er einen Hauptmann, der war einäugig und ein häßlicher Mensch, der sagte, er hätte es getan. Da sprach der alte König, so er das vollbracht hätte, sollte er seine Tochter auch heiraten. Die Jungfrau aber sagte: »Lieber Vater, dafür, daß ich den heiraten soll, will ich lieber in die Welt gehen, so weit, als mich meine Beine tragen.« Da sprach der König, wenn sie den nicht heiraten wollte, sollte sie die königlichen Kleider ausziehen und Bauernkleider antun und fortgehen; und sie sollte zu einem Töpfer gehen und einen Handel mit irdenem Geschirr anfangen.

Da tat sie ihre königlichen Kleider aus und ging zu einem Töpfer und borgte sich einen Kram irden Werk; sie versprach ihm auch, wenn sie's am Abend verkauft hätte, wollte sie es bezahlen. Nun sagte der König, sie sollte sich an eine Ecke damit setzen und es verkaufen, dann bestellte er etliche Bauernwagen, die sollten mitten durchfahren, daß alles in tausend Stücke ginge. Wie nun die Königstochter ihren Kram auf die Straße hingestellt hatte, kamen die Wagen und zerbrachen ihn zu lauter Scherben. Sie fing an zu weinen und sprach: »Ach Gott, wie will ich nun den Töpfer bezahlen.« Der König aber hatte sie damit zwingen wollen, den Hauptmann zu heiraten, statt dessen ging sie wieder zum Töpfer und fragte ihn, ob er noch einmal borgen wollte. Er antwortete: Nein, sie sollte erst das Vorige bezahlen. Da ging sie zu ihrem Vater, schrie und jammerte und sagte, sie wollte in die Welt hineingehen. Da sprach er: »Ich will dir draußen in dem Wald ein Häuschen bauen lassen, darin sollst du dein Lebtag sitzen und für jedermann kochen, du darfst aber kein Geld nehmen.« Als das Häuschen fertig war, ward vor die Tür ein Schild gehängt, darauf stand geschrieben: »Heute umsonst, morgen für Geld.« Da saß sie lange Zeit, und sprach es sich in der Welt herum, da säße eine Jungfrau, die kochte umsonst, und es stände vor der Türe an einem Schild.

Das hörte auch der Jäger und dachte: »Das wär etwas für dich, du bist doch arm und hast kein Geld.« Er nahm also seine Windbüchse und seinen Ranzen, worin noch alles steckte, was er damals im Schloß als Wahrzeichen mitgenommen hatte, ging in den Wald und fand auch das Häuschen mit dem Schild: »Heute umsonst, morgen für Geld.« Er hatte aber den Degen umhängen, womit er den drei Riesen den Kopf abgehauen hatte, trat so in das Häuschen hinein und ließ sich etwas zu essen geben. Er freute sich über das schöne Mädchen, es war aber auch bildschön. Sie fragte, wo er herkäme und hinwollte, da sagte er: »Ich reise in der Welt herum.« Da fragte sie ihn, wo er den Degen her hätte, da stände ja ihres Vaters Name darauf. Fragte er, ob sie des Königs Tochter wäre. »Ja«, antwortete sie. »Mit diesem Säbel«, sprach er, »habe ich drei Riesen den Kopf abgehauen«, und holte zum Zeichen ihre Zungen aus dem Ranzen, dann zeigte er auch den Pantoffel, den Schlippen vom Halstuch und das Stück vom Hemd. Da war sie voll Freude und sagte, er wäre derjenige, der sie erlöst hätte.

Darauf gingen sie zusammen zum alten König und holten ihn herbei, und sie führten ihn in ihre Kammer und sagten ihm, der Jäger wäre der rechte, der sie von den Riesen erlöst hätte. Und wie der alte König die Wahrzeichen alle sah, da konnte er nicht mehr zweifeln und sagte, es wäre ihm lieb, daß er wüßte, wie alles zugegangen wäre, und er sollte sie nun auch zur Gemahlin haben; darüber freute sich die Jungfrau von Herzen. Darauf kleideten sie ihn, als wenn er ein fremder Herr wäre, und der König ließ ein Gastmahl anstellen. Als sie nun zu Tisch gingen, kam der Hauptmann auf die linke Seite der Königstochter zu sitzen, der Jäger aber auf die rechte; und der Hauptmann meinte, das wäre ein fremder Herr und wäre zum Besuch gekommen. Wie sie gegessen und getrunken hatten, sprach der alte König zum Hauptmann, er wollte ihm etwas aufgeben, das sollte er erraten; wenn einer spräche, er hätte drei Riesen ums Leben gebracht, und er gefragt würde, wo die Zungen der Riesen wären, und er müßte zusehen, und wären keine in ihren Köpfen, wie das zuginge?
Da sagte der Hauptmann: »Sie werden keine gehabt haben.«
»Nicht so«, sagte der König, »jedes Getier hat eine Zunge«, und fragte weiter, was der wert wäre, der seinen König belogen hat?«
Antwortete der Hauptmann: »Der gehört in Stücke zerrissen zu werden.«
Da sagte der König, er hätte sich selber sein Urteil gesprochen, und ward der Hauptmann gefangen gesetzt und dann in vier Stücke zerrissen, die Königstochter aber mit dem Jäger vermählt. Danach holte er seinen Vater und seine Mutter herbei, und die lebten in Freude bei ihrem Sohn, und nach des alten Königs Tod bekam er das Reich.

DIE DREI SPRACHEN

In der Schweiz lebte einmal ein alter Graf, der hatte nur einen einzigen Sohn, aber er war dumm und konnte nichts lernen. Da sprach der Vater: »Höre, mein Sohn, ich bringe nichts in deinen Kopf, ich mag es anfangen, wie ich will. Du mußt fort von hier, ich will dich einem berühmten Meister übergeben, der soll es mit dir versuchen.« Der Junge ward in eine fremde Stadt geschickt und blieb bei dem Meister ein ganzes Jahr. Nach Verlauf dieser Zeit kam er wieder heim, und der Vater fragte: »Nun, mein Sohn, was hast du gelernt?«

»Vater, ich habe gelernt, was die Hunde bellen«, antwortete er. »Daß Gott erbarm«, rief der Vater aus, »ist das alles, was du gelernt hast? Ich will dich in eine andere Stadt zu einem andern Meister tun.« Der Junge ward hingebracht und blieb bei diesem Meister auch ein Jahr. Als er zurückkam, fragte der Vater wiederum: »Mein Sohn, was hast du gelernt?« Er antwortete: »Vater, ich habe gelernt, was die Vögli sprechen.« Da geriet der Vater in Zorn und sprach: »Oh, du verlorener Mensch, hast die kostbare Zeit hingebracht und nichts gelernt und schämst dich nicht, mir unter die Augen zu treten? Ich will dich zu einem dritten Meister schicken, aber lernst du auch diesmal nichts, so will ich dein Vater nicht mehr sein.« Der Sohn blieb bei dem dritten Meister ebenfalls ein ganzes Jahr, und als er wieder nach Haus kam und der Vater fragte: »Mein Sohn, was hast du gelernt?« so antwortete er:

»Lieber Vater, ich habe dieses Jahr gelernt, was die Frösche quaken.« Da geriet der Vater in den höchsten Zorn, sprang auf, rief seine Leute herbei und sprach: »Dieser Mensch ist mein Sohn nicht mehr, ich stoße ihn aus und gebiete euch, daß ihr ihn hinaus in den Wald führt und ihm das Leben nehmt.« Sie führten ihn hinaus, aber als sie ihn töten sollten, konnten sie nicht vor Mitleiden und ließen ihn gehen. Sie schnitten einem Reh Augen und Zunge aus, damit sie dem Alten die Wahrzeichen bringen konnten.

Der Jüngling wanderte fort und kam nach einiger Zeit zu einer Burg, wo er um Nachtherberge bat. »Ja«, sagte der Burgherr, »wenn du da unten in dem alten Turm übernachten willst, so gehe hin, aber ich warne dich, es ist lebensgefährlich, denn er ist voll wilder Hunde, die bellen und heulen in einem fort, und zu gewissen Stunden müssen sie einen Menschen ausgeliefert haben, den sie auch gleich verzehren.« Die ganze Gegend war darüber in Trauer und Leid, und konnte doch niemand helfen. Der Jüngling aber war ohne Furcht und sprach: »Laßt mich nur hinab zu den bellenden Hunden und gebt mir etwas, das ich ihnen vorwerfen kann; mir sollen sie nichts tun.« Weil er nun selber nicht anders wollte, so gaben sie ihm etwas Essen für die wilden Tiere und brachten ihn hinab zu dem Turm. Als er hineintrat, bellten ihn die Hunde nicht an, wedelten mit den Schwänzen ganz freundlich um ihn herum, fraßen, was er ihnen hinsetzte und krümmten ihm kein Härchen. Am andern Morgen kam er zu jedermanns Erstaunen gesund und unversehrt wieder zum Vorschein und sagte zu dem Burgherrn: »Die Hunde haben mir in ihrer Sprache offenbart, warum sie da hausen und dem Lande Schaden bringen. Sie sind verwünscht und müssen einen großen Schatz hüten, der unten im Turme liegt, und kommen nicht eher zur Ruhe, als bis er gehoben ist, und wie dies geschehen muß, das habe ich ebenfalls aus ihren Reden vernommen.« Da freuten sich alle, die das hörten, und der Burgherr sagte, er wollte ihn an Sohnes Statt annehmen, wenn er es glücklich vollbrächte. Er stieg wieder hinab, und weil er wußte, was er zu tun hatte, so vollführte er es und brachte eine mit Gold gefüllte Truhe herauf. Das Geheul der wilden Hunde ward von nun an nicht mehr gehört, sie waren verschwunden, und das Land war von der Plage befreit.

Über eine Zeit kam es ihm in den Sinn, er wollte nach Rom fahren.

Auf dem Weg kam er an einem Sumpf vorbei, in welchem Frösche saßen und quakten. Er horchte auf, und als er vernahm, was sie sprachen, ward er ganz nachdenklich und traurig. Endlich langte er in Rom an, da war gerade der Papst gestorben, und unter den Kardinälen großer Zweifel, wen sie zum Nachfolger bestimmen sollten. Sie wurden zuletzt einig, derjenige sollte zum Papst erwählt werden, an dem sich ein göttliches Wunderzeichen offenbaren würde. Und als das eben beschlossen war, in demselben Augenblick trat der junge Graf in die Kirche, und plötzlich flogen zwei schneeweiße Tauben auf seine beiden Schultern und blieben da sitzen. Die Geistlichkeit erkannte darin das Zeichen Gottes und fragte ihn auf der Stelle, ob er Papst werden wolle. Er war unschlüssig und wußte nicht, ob er dessen würdig wäre, aber die Tauben redeten ihm zu, daß er es tun möchte, und endlich sagte er »ja«. Da wurde er gesalbt und geweiht, und damit war eingetroffen, was er von den Fröschen unterwegs gehört und was ihn so bestürzt gemacht hatte, daß er der heilige Papst werden sollte. Darauf mußte er eine Messe singen und wußte kein Wort davon, aber die zwei Tauben saßen stets auf seinen Schultern und sagten ihm alles ins Ohr.

WIE DIE TIERE ÜBER DEN WINTER KAMEN

Es waren einmal ein alter Mann und eine alte Frau, die hatten einen Ochsen, einen Hammel, ein Schwein, dazu eine Gans und einen Hahn.

Einst sagte der Mann zu seiner Frau: »Weißt du was, Frau, der Hahn ist doch zu gar nichts nütze, wir wollen ihn schlachten, damit wir an den Feiertagen was Gutes zu essen haben.«

»Schön, schlachten wir ihn«, antwortete die Frau.

Der Hahn hörte das, und als es Nacht wurde, floh er in den Wald. Am andern Tag suchte der Mann lange nach dem Hahn, aber er fand ihn nirgends.

Abends sprach er wieder zu seiner Frau: »Ich habe den Hahn nicht gefunden, wir werden das Schwein schlachten müssen.«

»Ist recht, schlachte das Schwein.«

Das Schwein hörte das, und als es Nacht wurde, lief es in den Wald davon.

Der Mann suchte lange, lange nach dem Schwein, aber er fand es nicht.

»Wir werden den Hammel schlachten müssen«, sagte er.

»Na schön, schlachte ihn.«

Der Hammel hörte das und sprach zur Gans: »Wir wollen uns davonmachen, in den Wald, sonst schlachten sie uns beide.«

Und sie liefen in den Wald.

Der Mann ging auf den Hof – weder der Hammel noch die Gans waren zu sehen. Er suchte sie lange, sehr lange, aber er fand sie nicht.

»Wie geht das zu?« rief er schließlich. »Alle Tiere sind fort. Nur der Ochs ist noch da, wir werden ihn schlachten müssen.«

»Na, dann schlachte ihn.«

Der Ochs vernahm es und machte sich ebenfalls aus dem Staube.

Schön ist's im Wald zur Sommerzeit! Unsere Ausreißer freuten sich ihres Lebens und kannten keine Not. Doch der Sommer ging um, der Winter stand vor der Tür. Da kam eines Tages der Ochs zum Hammel und sprach: »Was werden wir tun, lieber Bruder und Gefährte? Die kalte Zeit bricht an, wir müssen uns ein Häuslein bauen.«

Der Hammel gab zur Antwort: »Ich hab ein schönes warmes Fell. Ich werd nicht frieren.«

Da ging der Ochs zum Schwein: »Komm, Schwein, es wird kalt, wir wollen uns ein Häuslein bauen!«

»Meinetwegen soll's kalt sein, mir tut Kälte nichts. Ich wühl mich in die Erde ein und brauch kein Haus.«

Da wanderte der Ochs zur Gans: »Gans, laß uns zusammen ein Häuslein bauen!«
»Wozu die Müh! Ich leg mir einen Flügel als Kissen unter und deck mich mit dem andern zu, so kann mir kein Frost was anhaben.«
Da ging der Ochs zum Hahn: »Laß uns ein Häuslein bauen!«
»Nein, ich setz mich unter eine Tanne, die wird mich vor der Kälte schützen.«
Da sah der Ochs, daß seine Sache schlimm bestellt war. Ganz allein mußte er für seine Winterbehausung sorgen.
»Macht, was ihr wollt«, sagte er. »Ich baue mir eine warme Unterkunft.«
Und er baute sich allein ein Hüttlein, heizte den Ofen und hatte es gar warm und traulich. Es war aber ein bitterkalter Winter in diesem Jahr, und der Frost plagte Mensch und Tier. Der Hammel lief immerfort im Wald herum, um sich zu erwärmen, aber es half ihm nichts.
Da kam er zum Ochsen und blökte: »Bäh-bäh, laß mich ein!«
»Nein, Hammel. Als ich dich rief, das Haus mit mir zu bauen, da wolltest du nicht und sagtest, du habest ein warmes Fell.«
»Ach so, du willst nicht? Dann nehm ich einen Anlauf und renn dir die Tür ein. So wirst du auch frieren.«
Der Ochs überlegte: Ich werd ihn einlassen, sonst kühlt er mir noch die Hütte aus! Und er sprach: »Na schön, komm rein!«
Der Hammel trat herein und machte es sich auf der Ofenbank bequem.
Bald darauf kam das Schwein angelaufen. »Laß mich ein«, grunzte es. »Laß mich ein, Ochs, ich muß mich wärmen.«
»Bleib draußen, Schwein. Du kamst nicht, als ich dich rief, das Haus zu bauen. Du fürchtest die Kälte nicht, sagtest du, und wollest dich in die Erde einwühlen.«
»Läßt du mich nicht ein, so werd ich mit meinem Rüssel die Ecken von deinem Haus unterwühlen, und es stürzt ein.«
Der Ochs dachte nach: Das Schwein wird noch die Ecken von mei-

nem Haus unterwühlen, und es wird einstürzen. »Na schön, komm rein.«
Flink lief das Schwein ins Haus und verkroch sich in den Keller.
Gleich darauf zeigte sich die Gans. »Lieber Ochs, mach auf, ich möchte mich wärmen«, gakte sie.
»Nein, Gans, schlag dir das aus dem Kopf. Du hast ja zwei Flügel. Den einen legst du unter und mit dem andern deckst du dich zu. So wirst du nicht frieren.«
»Ach, du willst nicht? Dann rupf ich dir das ganze Moos aus den Fugen deines Hauses.«
Der Ochs überlegte ein Weilchen und ließ auch die Gans ein. Sie watschelte in die Stube und setzte sich auf den Herdvorsprung.
Ein wenig später stand der Hahn vor der Tür: »Kikeriki, laß mich ein, lieber Ochs.«
»Nein, wozu? Du wolltest doch unter einer Tanne überwintern.«
»Ach so, dann flieg ich aufs Dach und werf den ganzen Dachbelag ab, und es wird kalt in deinem Haus.«
Und so ließ der Ochs auch den Hahn ein. Der flatterte ins Haus und setzte sich auf den Balken.
Da hausten sie nun zu fünft und zankten sich nicht.
Das kam aber dem Bären und dem Wolf zu Ohren. »Wir wollen doch mal hingehen und alle fünf auffressen«, sagten sie. »Dann können wir selber in dem Häuschen wohnen.«
Und sie machten sich auf den Weg. Sprach der Wolf zum Bären: »Geh du voran, du bist groß und stark.«
Sprach der Bär zum Wolf: »Nein, ich bin zu träge, das weiß jedermann. Geh du voran, du bist viel flinker.«
Und der Wolf ging hinein. Doch kaum war er drinnen, ging der Ochs mit seinen Hörnern auf ihn los und drückte ihn an die Wand, der Hammel aber nahm einen Anlauf und stieß ihn – bauz, bauz – in die Seite. Das Schwein grunzte aus der Kellerluke hervor: »Ich schleif das Beil und wetz das Messer, will den Wolf lebendig fressen.«

Die Gans kneipte ihn ins Fell, und der Hahn lief auf dem Balken hin und her und krähte: »Kikeriki, kikeriki, gebt ihn zu mir in die Höh! Werd ihn metzeln, werd ihn sengen, werd ihn an den Balken hängen.«

Der Bär hörte draußen den Spektakel und sah zu, daß er fortkam. Der Wolf aber rang lange mit den fünfen, bis er sich endlich losriß und fortlief. Er traf den Bären unterwegs und erzählte ihm, was er erlebt hatte: »Nein, das glaubst du gar nicht, wie es mir an den Kragen ging. Da war ein Bauer riesengroß, der hatte einen schwarzen Flaus. Mit der Ofengabel trieb er mich an die Wand und hielt mich gräßlich festgebannt. Und ein anderer Bauer, nicht ganz so groß, der hatte einen grauen Flaus, er hieb mir mit dem Axtstiel übern Leib, zum Zeitvertreib. Und einer, der war noch kleiner, in einem weißen Rock, der kniff mich mit Zangen, es war zum Bangen. Und das kleinste Bäuerlein, im feuerroten Röckelein, lief auf dem Balken hin und her und schrie: ›Kikeriki, kikeriki, gebt ihn zu mir in die Höh! Werd ihn metzeln, werd ihn sengen, werd ihn an den Balken hängen.‹

Und aus der Kellerluke schrie es laut: ›Ich schleif das Beil und wetz das Messer, will den Wolf lebendig fressen.‹«

Seither machten der Wolf und der Bär einen großen Bogen um das Häuslein im Wald.

Der Ochse, der Hammel, das Schwein, die Gans und der Hahn lebten dort lange in Eintracht und Frieden miteinander.

SECHSE KOMMEN DURCH DIE GANZE WELT

Es war einmal ein Mann, der verstand allerlei Künste; er diente im Krieg und hielt sich brav und tapfer, aber als der Krieg zu Ende war, bekam er den Abschied und drei Heller Zehrgeld auf den Weg. »Wart«, sprach er, »das laß ich mir nicht gefallen, finde ich die rechten Leute, so soll mir der König noch die Schätze des ganzen Landes herausgeben.« Da ging er voll Zorn in den Wald und sah einen darin stehen, der hatte sechs Bäume ausgerupft, als wären's Kornhalme. Sprach er zu ihm: »Willst du mein Diener sein und mit mir ziehen?«

»Ja«, antwortete er, »aber erst will ich meiner Mutter das Wellchen Holz heimbringen«, und nahm einen von den Bäumen und wickelte ihn um die fünf andern, hob die Welle auf die Schulter und trug sie fort. Dann kam er wieder und ging mit seinem Herrn, der sprach: »Wir zwei sollten wohl durch die ganze Welt kommen.« Und als sie ein Weilchen gegangen waren, fanden sie einen Jäger, der lag auf den Knien, hatte die Büchse angelegt und zielte. Sprach der Herr zu ihm: »Jäger, was willst du schießen?« Er antwortete: »Zwei Meilen von hier sitzt eine Fliege auf dem Ast eines Eichbaums, der will ich das linke Auge herausschießen.«

»Oh, geh mit mir«, sprach der Mann, »wenn wir drei zusammen sind, sollen wir wohl durch die ganze Welt kommen.« Der Jäger war bereit und ging mit ihm, und sie kamen zu sieben Windmühlen, deren Flügel trieben ganz hastig herum, und ging doch links und rechts kein Wind, und bewegte sich kein Blättchen. Da sprach der Mann: »Ich weiß nicht, was die Windmühlen treibt, es regt sich ja kein Lüftchen«, und ging mit seinen Dienern weiter, und als sie zwei Meilen fortgegangen waren, sahen sie einen auf einem Baum sitzen, der hielt das eine Nasenloch zu und blies aus dem andern. »Mein Freund, was treibst du da oben?« fragte der Mann. Er antwortete: »Zwei Meilen von hier stehen sieben Windmühlen, seht, die blase ich an, daß sie laufen.«

»Oh, geh mit mir«, sprach der Mann, »wenn wir vier zusammen sind, sollten wir wohl durch die ganze Welt kommen.« Da stieg der Bläser herab und ging mit, und über eine Zeit sahen sie einen, der stand da auf einem Bein, und hatte das andere abgeschnallt und neben sich gelegt. Da sprach der Herr: »Du hast dir's ja bequem gemacht zum Ausruhen.«

»Ich bin ein Läufer«, antwortete er, »und damit ich nicht gar zu schnell springe, habe ich mir das eine Bein abgeschnallt; wenn ich mit zwei Beinen laufe, so geht's geschwinder als ein Vogel fliegt.«

»Oh, geh mit mir, wenn wir fünf zusammen sind, sollten wir wohl durch die ganze Welt kommen.« Da ging er mit, und gar nicht lang, so begegneten sie einem, der hatte ein Hütchen auf, hatte es aber ganz auf dem einen Ohre sitzen. Da sprach der Herr zu ihm: »Manierlich, manierlich, häng deinen Hut doch nicht auf ein Ohr, du siehst ja aus wie ein Hans Narr.«

»Ich darf's nicht tun«, sprach der andere, »denn setz ich meinen Hut gerad, so kommt ein gewaltiger Frost und die Vögel unter dem Himmel erfrieren und fallen tot zur Erde.«

»Oh, geh mit mir«, sprach der Herr, »wenn wir sechs zusammen sind, sollten wir wohl durch die ganze Welt kommen.«

Nun gingen die sechse in eine Stadt, wo der König hatte bekanntmachen lassen, wer mit seiner Tochter um die Wette laufen wollte und den Sieg davontrüge, der sollte ihr Gemahl werden; wer aber verlöre, müßte auch seinen Kopf hergeben. Da meldete sich der Mann und sprach: »Ich will aber meinen Diener für mich laufen lassen.« Der König antwortete: »Dann mußt du auch noch dessen Leben zum Pfand setzen, also daß sein und dein Kopf für den Sieg haften.« Als das verabredet und festgemacht war, schnallte der Mann dem Läufer das andere Bein an und sprach zu ihm: »Nun sei hurtig und hilf, daß wir siegen.« Es war aber bestimmt, daß, wer am ersten Wasser aus einem weit abgelegenen Brunnen brächte, der sollte Sieger sein. Nun bekam der Läufer einen Krug, und die Königstochter auch einen, und sie fingen zu gleicher Zeit zu laufen an; aber in einem Augenblick, als die Königstochter erst eine kleine Strecke fort war, konnte den Läufer schon kein Zuschauer mehr sehen, und es war nicht anders, als wäre der Wind vorbeigesaust. In kurzer Zeit langte er bei dem Brunnen an, schöpfte den Krug voll Wasser und kehrte wieder um. Mitten aber auf dem Heimweg überkam ihn eine Müdigkeit, da setzte er den Krug hin, legte sich nieder und schlief ein. Er hatte aber einen Pferdeschädel, der da auf der Erde lag, zum Kopfkissen gemacht, damit er hart läge und bald wieder erwachte. Indessen war die Königstochter, die auch gut laufen konnte, so gut es ein gewöhnlicher Mensch vermag, bei dem Brunnen angelangt, und eilte mit ihrem Krug voll Wasser zurück; und als sie den Läufer da liegen und schlafen sah, war sie froh und sprach: »Der Feind ist in meine Hände gegeben«, leerte seinen Krug aus und sprang weiter. Nun wäre alles verloren gewesen, wenn nicht zu gutem Glück der Jäger mit seinen scharfen Augen oben auf dem Schloß gestanden und alles mit angesehen hätte. Da sprach er: »Die Königstochter soll doch gegen uns nicht aufkommen«, lud seine Büchse und schoß so geschickt, daß er dem Läufer den Pferdeschädel unter dem Kopf wegschoß, ohne ihm weh zu tun. Da erwachte der Läufer, sprang in die Höhe und sah, daß sein Krug leer und die Königstochter schon weit voraus war. Aber er verlor den Mut nicht, lief mit dem Krug wieder zum Brunnen zurück, schöpfte aufs neue Wasser und war noch zehn Minuten eher als die Königstochter daheim. »Seht ihr«, sprach er, »jetzt hab ich erst die Beine aufgehoben, vorher war's gar kein Laufen zu nennen.«

Den König aber kränkte es und seine Tochter noch mehr, daß sie so ein gemeiner abgedankter Soldat davontragen sollte; sie ratschlagten miteinander, wie sie ihn samt seinen Gesellen los würden. Da sprach der König zu ihr: »Ich habe ein Mittel gefunden, laß dir nicht bang sein, sie sollen nicht wieder heimkommen«. Und sprach zu ihnen: »Ihr sollt es euch nun zusammen lustig machen, essen und trinken«, und führte sie zu einer Stube, die hatte einen Boden von Eisen, und die Türen waren auch von Eisen, und die Fenster waren mit eisernen Stäben verwahrt. In der Stube war eine Tafel mit köstlichen Speisen besetzt, da sprach der König zu ihnen: »Geht hinein, und laßt's euch wohl sein.« Und wie sie drinnen waren, ließ er die Türe verschließen und verriegeln. Dann ließ er den Koch kommen und befahl ihm, ein Feuer so lange unter die Stube zu machen, bis das Eisen glühend würde. Das tat der Koch, und es fing an und ward den sechsen in der Stube, während sie an der Tafel saßen, ganz warm, und sie meinten, das käme vom Essen; als aber die Hitze immer größer ward und sie hinaus wollten, Türe und Fenster aber verschlossen fanden, da merkten sie, daß der König Böses im Sinne gehabt hatte und sie ersticken wollte. »Es soll ihm aber nicht gelingen«, sprach der mit dem Hütchen, »ich will einen Frost kommen lassen, vor dem sich das Feuer schämen und verkriechen soll.« Da setzte er sein Hütchen gerade, und alsbald fiel ein Frost, daß alle Hitze verschwand und die Speisen auf den Schüsseln anfingen zu frieren. Als nun ein paar Stunden herum waren, und der König glaubte, sie wären in der Hitze verschmachtet, ließ er die Türe öffnen und wollte selbst nach ihnen sehen. Aber wie die Tür aufging, standen sie alle sechs da, frisch und gesund, und sagten, es wäre ihnen lieb, daß sie heraus könnten sich zu wärmen, denn bei der großen Kälte in der Stube frören die Speisen an den Schüsseln fest. Da ging der König voll Zorn hinab zu dem Koch, schalt ihn und fragte, warum er nicht getan hätte, was ihm wäre befohlen worden. Der Koch aber antwortete: »Es ist Glut genug da, seht nur selbst.« Da sah der König, daß ein gewaltiges Feuer unter der Eisenstube brannte, und merkte, daß er den sechsen auf diese Weise nichts anhaben konnte.

Nun sann der König aufs neue, wie er die bösen Gäste los würde, ließ den Meister kommen und sprach: »Willst du Gold nehmen und dein Recht auf meine Tochter aufgeben, so sollst du haben, soviel du willst.«

»O ja, Herr König«, antwortete er, »gebt mir soviel als mein Diener tragen kann, so verlange ich Eure Tochter nicht.« Das war der König zufrieden, und jener sprach weiter: »So will ich in vierzehn Tagen kommen und es holen.« Darauf rief er alle Schneider aus dem ganzen Reich herbei, die mußten vierzehn Tage lang sitzen und einen Sack nähen. Und als er fertig war, mußte der Starke, welcher Bäume ausrupfen konnte, den Sack auf die Schulter nehmen und mit ihm zu dem König gehen. Da sprach der König: »Was ist das für ein gewaltiger Kerl, der den hausgroßen Ballen Leinwand auf der Schulter trägt?«, erschrak und dachte: Was wird der für Gold wegschleppen! Da hieß er eine Tonne Gold herbringen, die mußten sechzehn der stärksten Männer tragen, aber der Starke packte sie mit einer Hand, steckte sie in den Sack und sprach: »Warum bringt ihr nicht gleich mehr, das deckt ja kaum den Boden.« Da ließ der König nach und nach seinen ganzen Schatz herbeitragen, den schob der Starke in den Sack hinein, und der Sack ward davon noch nicht zur Hälfte voll. »Schafft mehr herbei«, rief er, »die paar Brocken füllen nicht.« Da mußten noch siebentausend Wagen mit Gold in dem ganzen Reich zusammengefahren werden; die schob der Starke samt den vorgespannten Ochsen in seinen Sack. »Ich will's nicht lange besehen«, sprach er, »und nehmen was kommt, damit der Sack nur voll wird.« Wie alles darin stak, ging doch noch viel hinein, da sprach er: »Ich will dem Ding nur ein Ende machen, man bindet wohl einmal einen Sack zu, wenn er auch noch nicht voll ist.« Dann huckte er ihn auf den Rücken und ging mit seinen Gesellen fort.
Als der König nun sah, wie der einzige Mann des ganzen Landes Reichtum forttrug, ward er zornig und ließ seine Reiterei aufsitzen, die sollten den sechsen nachjagen und hatten Befehl, dem Starken den Sack wieder abzunehmen. Zwei Regimenter holten sie bald ein und riefen ihnen zu: »Ihr seid Gefangene, legt den Sack mit Gold nieder, oder ihr werdet zusammengehauen.«
»Was sagt ihr?« sprach der Bläser, »wir wären Gefangene? Eher sollt ihr sämtlich in der Luft herumtanzen«, hielt das eine Nasenloch zu

und blies mit dem andern die beiden Regimenter an, da fuhren sie auseinander und in die blaue Luft über alle Berge weg, der eine hierhin, der andere dorthin. Ein Feldwebel rief um Gnade, er hätte neun Wunden und wäre ein braver Kerl, der den Schimpf nicht verdiente. Da ließ der Bläser ein wenig nach, so daß er ohne Schaden wieder herabkam, dann sprach er zu ihm: »Nun geh heim zum König und sag, er sollte nur noch mehr Reiterei schicken, ich wollte sie alle in die Luft blasen.«

Der König, als er den Bescheid vernahm, sprach: »Laßt die Kerle gehen, die haben etwas an sich.« Da brachten die sechs den Reichtum heim, teilten ihn unter sich und lebten vergnügt bis an ihr Ende.

DAS MÄDCHEN UND DER MOND

Bei den Tschuktschen lebte ein Mann mit seiner Tochter. Das Mädchen war für den Vater eine sehr gute Hilfe. Jeden Sommer hütet sie die Herde weitab von ihrem Wohnplatz, jeden Winter geht sie mit den Tieren noch weiter fort. Nur selten fährt sie mit dem Rentiergespann nach Hause, um Essen für sich zu holen.

Eines Nachts hebt ihr Zugtier den Kopf, blickt zum Himmel hinauf und sagt: »Sieh doch, sieh!«

Das Mädchen blickt auch hinauf und sieht den Mond auf einem Schlitten mit zwei Rentieren davor zur Erde herabfahren.

»Wohin fährt der Mond? Was will er?« fragt das Mädchen.

»Dich rauben will er!« spricht das Rentier.

Das Mädchen erschrak sehr: »Was soll ich tun? Er will mich entführen!«

Ihr Rentier scharrte mit dem Huf eine Grube im Schnee und sagte: »Setz dich schnell hier hinein!«

Das Mädchen sprang in die Grube, und das Rentier warf soviel Schnee über sie, daß nichts mehr von ihr zu sehen war. Nur ein Schneehaufen stand da. Der Mond kommt herabgefahren, bringt seine Rentiere zum Stehen und steigt aus dem Schlitten. Er geht umher, sucht das Mädchen und kann es nicht finden. Er nähert sich dem Schneehaufen, sieht den Schopf des Mädchens herausragen, weiß aber nicht, was das sein soll.

»Was bedeutet das?« fragt der Mond. »Wo ist das Mädchen geblieben? Ich kann es nicht finden. Jetzt fahre ich wieder hinauf, aber später komme ich wieder zurück. Dann werde ich das Mädchen sicherlich finden und entführen!«

Der Mond setzte sich in seinen Schlitten, und das Rentiergespann brachte ihn wieder zum Himmel hinauf.
Kaum war der Mond weg, grub das Rentier das Mädchen aus dem Schnee heraus. Das Mädchen stand auf und sagte: »Fahren wir schnell zu unserem Zelt, sonst entdeckt mich der Mond und kommt wieder herunter. Dann kann ich mich nicht mehr verstecken!«
Das Mädchen setzte sich auf den Schlitten. Ihr Zugtier stob davon in schnellem Lauf. Bald waren sie zu Hause. Das Mädchen lief schnell in das Zelt, aber der Vater war nicht da. Wer sollte ihr nun helfen?
Ihr Rentier mahnt sie zur Eile: »Verstecke dich schnell, sonst kommt der Mond gleich hinter uns her!«
»Wo soll ich mich denn verstecken?«
»Ich verwandle dich in einen großen Stein!«
»Er wird mich erkennen!«
»Dann in einen Hammer!«
»Er wird mich erkennen!«
»Oder in eine Stange!«
»Er wird mich erkennen!«
»Vielleicht in einen Wollfaden im Vorhang!«
»Nein, nein, er wird mich erkennen!«
»Was soll ich tun? Ich verwandle dich in eine Lampe!«
»Gut, sehr gut!« rief das Mädchen.
»Setz dich hin!«
Das Mädchen setzte sich. Das Rentier stampfte mit dem Huf – das Mädchen verwandelte sich in eine Lampe, erhellte den ganzen Raum. Kaum war das Mädchen verzaubert, kam der Mond auf seinem Rentierschlitten an. Zuerst durchsuchte er die Herde, dann band er seine Rentiere an und kam in das Zelt. Er geht umher und sucht, kann aber nichts finden. Sucht die Wände ab, alle Hausgeräte, die Felle, guckt unter die Betten – nirgends kann er das Mädchen entdecken! Aber die Lampe bemerkt er nicht, sie ist sehr hell und der Mond ist ebenso hell.

»Sonderbar!« sagt der Mond. »Wo ist sie nur geblieben? Ich muß wieder hinauf.«
Er ging hinaus, band seine Rentiere los und setzte sich auf den Schlitten. Wie er gerade abfahren will, kommt das Mädchen gelaufen, beugt sich bis zum Gürtel aus dem Türvorhang heraus, lacht und ruft dem Mond zu: »Hier bin ich! Hier bin ich!«
Der Mond läßt seine Rentiere stehn und kommt wieder ins Zelt.
Aber das Mädchen hat sich wieder in eine Lampe verwandelt. Der Mond beginnt zu suchen. Er sucht zwischen den Zweigen im Reisig, zwischen den Blättern, zwischen den Wollfäden und Erdklümpchen – das Mädchen ist nicht da!
»Merkwürdig! Wo ist sie nur? Wohin ist sie verschwunden? Ich fürchte, ich muß ohne sie zurückfahren!«
Kaum war der Mond draußen und wollte seine Rentiere losbinden, schaut das Mädchen wieder aus dem Türspalt hervor und ruft: »Hier bin ich! Hier bin ich!«
Der Mond rennt wieder in das Zelt, durchsucht alles, dreht und kehrt alles um und um, sucht lange, aber das Mädchen findet er nicht.
Vom langen Suchen wurde der Mond müde. Er nahm ab und wurde ganz schwach, und kaum kann er mühsame Schritte machen, kaum – kaum kann er die Hände heben.
Das Mädchen sieht es und fürchtet sich nicht mehr vor dem Mond. Sie nimmt wieder ihre Menschengestalt an und springt aus dem Zelt hervor. Sie wirft den Mond auf den Rücken und bindet ihm Hände und Füße zusammen.
»Oho«, sagt der Mond. »Du willst mich wohl umbringen. Nun ja, meinetwegen, töte mich, ich bin selber schuld. Ich wollte dich von der Erde rauben und entführen. Aber vor meinem Ende erlaube mir, mich zu erwärmen, hülle mich noch in eine Decke, ich bin so verfroren ...«
Das Mädchen wunderte sich: »Wieso bist du verfroren? Du lebst doch immer im Freien, hast kein Zelt, keine Hütte. Wozu brauchst du eine Decke?«

Der Mond begann das Mädchen zu bitten: »Gib mir die Freiheit wieder! Nimm mir die Fesseln ab – ich werde deinem Volk Freude bereiten! Laß mich los! Laß mich los – ich werde die Nacht in Tag verwandeln! Laß mich los – ich werde deinem Volk das Jahr ausmessen.

Zuerst werde ich der Mond des alten Stiers sein, dann der Mond für die Geburt der Kälber, dann der Mond der Gewässer, dann der Mond der Blätter, dann der Mond der Wärme, dann der Mond des Geweihwechsels, dann der Mond der Liebe für die Rentiere, dann der Mond des ersten Winters, dann der Mond der kürzer werdenden Tage …«

»Und wenn ich dich loslasse, wenn du wieder stark bist, wenn deine Hände und Füße wieder voller Kraft sind – wirst du dann nicht wieder herabkommen, um mich zu rauben?«

»O nein, daran werde ich nicht mehr denken! Wie sollte ich denn, du bist mir viel zu schlau! Niemals mehr werde ich meine Bahn dort oben verlassen. Gib mich frei – ich werde leuchten!«

Das Mädchen entließ den Mond – und er leuchtete wieder vom Himmel herab.

STROHHALM, KOHLE UND BOHNE

In einem Dorfe wohnte eine arme alte Frau, die hatte ein Gericht Bohnen zusammengebracht und wollte sie kochen. Sie machte also auf ihrem Herd ein Feuer zurecht, und damit es desto schneller brennen sollte, zündete sie es mit einer Handvoll Stroh an. Als sie die Bohnen in den Topf schüttete, entfiel ihr unbemerkt eine, die auf dem Boden neben einem Strohhalm zu liegen kam; bald danach sprang auch eine glühende Kohle vom Herd zu den beiden herab. Da fing der Strohhalm an und sprach: »Liebe Freunde, von wannen kommt ihr her?«

Die Kohle antwortete: »Ich bin zu gutem Glück dem Feuer entsprungen, und hätte ich das nicht mit Gewalt durchgesetzt, so war mir der Tod gewiß: ich wäre zu Asche verbrannt.«

Die Bohne sagte: »Ich bin auch noch mit heiler Haut davongekommen, aber hätte mich die Alte in den Topf gebracht, ich wäre ohne Barmherzigkeit zu Brei gekocht worden wie meine Kameraden.«

»Wäre mir denn ein besser Schicksal zuteil geworden?« sprach das Stroh, »alle meine Brüder hat die Alte in Feuer und Rauch aufgehen lassen, sechzig hat sie auf einmal gepackt und ums Leben gebracht. Glücklicherweise bin ich ihr zwischen den Fingern durchgeschlüpft.«

»Was sollen wir aber nun anfangen?« sprach die Kohle.

»Ich meine«, antwortete die Bohne, »weil wir so glücklich dem Tode entronnen sind, so wollen wir uns als gute Gesellen zusammenhalten und, damit uns hier nicht wieder ein neues Unglück ereilt, gemeinschaftlich auswandern und in ein fremdes Land ziehen.«

Der Vorschlag gefiel den beiden andern, und sie machten sich miteinander auf den Weg. Bald aber kamen sie an einen kleinen Bach, und da keine Brücke oder Steg da war, so wußten sie nicht, wie sie hinüberkommen sollten. Der Strohhalm fand guten Rat und sprach: »Ich will mich querüber legen, so könnt ihr auf mir wie auf einer Brücke hinübergehen.« Der Strohhalm streckte sich also von einem Ufer zum andern, und die Kohle, die von hitziger Natur war, trippelte auch ganz keck auf die neugebaute Brücke. Als sie aber in die Mitte gekommen war und unter sich das Wasser rauschen hörte, ward ihr doch angst. Sie blieb stehen und getraute sich nicht weiter. Der Strohhalm aber fing an zu brennen, zerbrach in zwei Stücke und fiel in den Bach. Die Kohle rutschte nach, zischte, wie sie ins Wasser kam, und gab den Geist auf. Die Bohne, die vorsichtigerweise noch auf dem Ufer zurückgeblieben war, mußte über die Geschichte lachen, konnte nicht aufhören und lachte so gewaltig, daß sie zerplatzte. Nun war es ebenfalls um sie geschehen, wenn nicht zu gutem Glück ein Schneider, der auf der Wanderschaft war, sich an dem Bach ausgeruht hätte. Weil er ein mitleidiges Herz hatte, so holte er Nadel und Zwirn heraus und nähte sie zusammen. Die Bohne bedankte sich bei ihm aufs schönste, aber da er schwarzen Zwirn gebraucht hatte, so haben seit der Zeit alle Bohnen eine schwarze Naht.

VOM MANN OHNE HERZ

Es waren einmal sieben Brüder, die hatten weder Vater noch Mutter mehr. Sie lebten in einem Hause beisammen; alles aber mußten sie selber besorgen, waschen, kochen, Stube kehren und was da noch weiter zu tun war, denn sie hatten keine Schwestern. Eine solche Wirtschaft verdroß sie bald. Da sprach einer von ihnen: »Wir sollten ausziehen und uns jeder eine Braut holen.«

Der Rat gefiel allen Brüdern, und sie machten sich reisefertig, der jüngste aber wollte zurückbleiben und das Haus hüten; seine sechs Brüder versprachen, ihm auch eine Braut mitzubringen. Die Brüder nahmen Abschied, und ihrer sechs zogen nun lustig und fröhlich in die Welt hinaus. Bald kamen sie in einen großen, wilden Wald, da trafen sie, nachdem sie lange darin herumgewandert waren, ein kleines Häuschen, vor dessen Tür stand ein alter Mann. Als er die Brüder nun so lustig vorüberziehen sah, rief er ihnen zu: »Wo wollt ihr denn hin, daß ihr so an meinem Hause vorbeigeht?«
»Wir wollen uns jeder eine junge hübsche Braut holen«, erwiderten sie, »darum sind wir so lustig. Wir sind allzusammen Brüder, einen aber haben wir noch zu Hause gelassen, und dem sollen wir auch eine Braut mitbringen.«
»So wünsche ich euch viel Glück auf der Reise«, antwortete der alte Mann, »aber ihr sehet wohl ein, da ich immer so allein bin, daß ich auch eine Braut nötig habe, ich rate euch, bringt mir auch eine mit.«
Die Brüder antworteten nichts darauf, sondern reisten weiter und dachten, was sollte der alte Mann wohl anders als im Scherz geredet haben? Er kann ja keine Braut gebrauchen. Bald kamen sie in eine Stadt, da fanden sie sieben junge und schöne Schwestern. Jeder von den Brüdern nahm sich eine von ihnen zur Braut, aber die siebente jüngste Schwester nahmen sie mit für ihren jüngsten Bruder.
Als sie nun wieder in den Wald kamen, stand der Alte vor seiner Tür und schien auf sie gewartet zu haben. Er rief ihnen schon von weitem zu: »Nun, habt ihr mir denn auch eine Braut mitgebracht, wie ich euch gesagt habe?«
»Nein«, antworteten die Brüder, »für dich, alter Mann, konnten wir keine finden; wir haben nur für uns Bräute mitgebracht, und die siebente ist für unseren Bruder.«
»Die könnt ihr mir lassen«, sagte der alte Mann, »denn euer Versprechen müßt ihr halten.«
Aber die Brüder weigerten sich. Da nahm der alte Mann ein kleines weißes Stäbchen von einem Borte über der Haustür, und als er da-

mit die sechs Brüder und ihre Bräute berührte, waren sie alle in graue Steine verwandelt. Die legte er mit dem Stabe auf das Bort über der Tür, die siebente jüngste Braut aber behielt der alte Mann bei sich.

Das Mädchen mußte nun alles in seinem Hause besorgen, was zu tun war, und was eine Hausfrau für Geschäfte hat. Sie vollbrachte das alles mit willigem Herzen; was hätte ihr auch Widerstand geholfen? Sie hatte es auch ganz gut bei ihm, nur der einzige Gedanke plagte sie, daß er bald sterben könnte. Was sollte sie dann so ganz alleine anfangen in dem großen, wilden Walde, und wie sollte sie dann ihre armen verzauberten Schwestern und ihre Verlobten befreien? Je länger sie bei ihm war, je schrecklicher ward ihr dieser Gedanke; sie weinte und klagte den ganzen Tag und schrie dem Alten immer in die Ohren: »Du bist alt und kannst leicht sterben, was soll ich denn anfangen, wenn du tot bist? Ich werde hier ja ganz allein in diesem großen Walde sein.« Da ward der alte Mann verdrießlich und sagte: »Du brauchst gar nicht in Angst zu sein, ich kann nicht sterben, denn ich habe kein Herz, aber wenn ich sterben sollte, dann liegen über der Haustür die zwölf grauen Steine und dabei ein kleiner weißer Stock; schlägst du mit diesem Stock an die Steine, so wirst du deine Schwestern und ihre Verlobten wieder lebendig haben.« Das Mädchen gab sich nun erst zufrieden, dann aber fragte sie ihn, wenn sein Herz nicht in der Brust wäre, wo er es denn hätte? »Kind«, sagte der Alte, »sei nicht so neugierig, du kannst nicht alles wissen.« Aber sie ließ nicht nach mit Bitten und Fragen, bis er etwas unwillig sagte: »Nun, damit du nur Ruhe hältst, so sage ich dir, mein Herz sitzt in der Bettdecke.«

Nun pflegte der alte Mann des Morgens in den Wald zu gehen und erst abends wiederzukommen; dann mußte seine junge Haushälterin das Essen für ihn bereit haben. Als er nun am Abend danach nach Hause kam, da fand er seine Bettdecke mit allerlei schönen Federn und kleinen Blumen über und über besteckt und geziert; da fragte er das Mädchen, was denn das bedeuten solle?

»Ach Vater«, antwortete sie, »ich muß ja den ganzen Tag allein sein und kann dir nichts zu Liebe tun, so wollte ich doch deinem Herzen eine Freude machen, das, wie du sagst, in der Bettdecke steckt.«
»Kind«, sagte der Alte und lachte, »es war ja nur ein Scherz von mir, mein Herz ist lange nicht in der Bettdecke, das ist ganz anderswo.« Da fing sie wieder an zu weinen und zu klagen: »Also hast du doch ein Herz in der Brust und kannst sterben, was soll ich denn anfangen und wie bekomme ich die Meinigen wieder, wenn du tot bist?«
»Was ich dir sage, liebes Kind«, antwortete der alte Mann, »sterben kann ich nicht und habe gewiß kein Herz in der Brust, aber wenn ich sterben sollte, was doch nicht möglich ist, so liegen ja die Steine in der Haustür, und dabei ein kleiner weißer Stock; damit kannst du ja nur, wie ich dir schon einmal sagte, an die Steine schlagen, so hast du alle die Deinen wieder!« Aber da bat und flehte sie ihn abermals so lange, wo er denn sein Herz hätte, bis er dann sagte, es sitze in der Stubentür.
Nun schmückte sie am andern Tage die Stubentür von oben bis unten mit bunten Federn und Blumen, und als abends der alte Mann nach Hause kam und nach der Ursache fragte, antwortete sie ihm: »Ach Vater, ich kann dir ja den ganzen Tag nichts zu Liebe tun, so wollte ich deinem Herzen eine Freude machen!« Aber der alte Mann antwortete wieder: »Mein Herz sitzt lange nicht in der Stubentür, das ist ganz anderswo.«
Da ging es nun ebenso wie am vorigen Tage; sie weinte, jammerte und sprach: »Vater, du hast doch ein Herz und kannst doch sterben, du willst mich nur täuschen!« Da antwortete der alte Mann: »Sterben kann ich nicht, aber weil du es durchaus wissen willst, wo mein Herz ist, will ich es dir sagen, damit du dich endlich beruhigst. Weit, weit von hier, in einer ganz unbekannten, einsamen Gegend liegt eine große Kirche, die Kirche ist mit dicken, eisernen Türen wohl verwahrt, um die Kirche fließt ein großer, tiefer Burggraben, in der Kirche fliegt ein Vogel, in dem Vogel ist mein Herz, und solange dieser Vogel lebt, lebe ich auch. Von selbst stirbt er nicht, und

niemand kann ihn fangen; daher kann ich nicht sterben, und du kannst ohne Sorge sein.«

Unterdeß hatte der jüngste Bruder zu Hause gewartet und gewartet; aber da seine Brüder gar nicht wiederkamen, vermutete er, ein Unfall möchte ihnen begegnet sein. Daher machte er sich endlich selbst auf den Weg, um sie zu suchen. Nun war er schon einige Tage gegangen, da kam er auch in den Wald, in den auch seine Brüder gekommen waren, und gelangte zu dem Haus des alten Mannes: Er traf ihn nicht zu Hause, aber das junge Mädchen, seine Braut, empfing ihn. Er erzählte ihr, daß er sechs Brüder gehabt, die seien ausgezogen, sich Bräute zu holen, aber ihnen müßte ein Unglück zugestoßen sein, weil sie noch immer nicht zurückgekommen wären. Darum sei er selber ausgereist, um sie aufzusuchen. Da erkannte das Mädchen in ihm ihren Bräutigam und sagte ihm, wer sie sei und was aus seinen Brüdern und ihren Bräuten geworden sei. Beide wurden sehr froh, daß sie sich gefunden hätten; sie setzte ihm Essen auf, und nachdem er sich erquickt, sprach er: »Nun sage mir, liebe Braut, wie errette ich meine Brüder?« Da erzählte sie ihm vom alten Manne, der sein Herz nicht in der Brust, sondern in einer weit entfernten Kirche habe. »Die Kirche«, sprach sie, »liegt in einer einsamen, wüsten Gegend, sie ist wohl verwahrt mit dicken, eisernen Türen, um die Kirche fließt ein großer, tiefer Burggraben, in der Kirche aber fliegt ein Vogel, der hat das Herz des alten Mannes.«

»Ich will doch versuchen«, sagte der Bräutigam, »ob ich des Vogels nicht habhaft werden kann; freilich ist der Weg mir unbekannt und weit, und die Kirche ist wohl verwahrt, aber mit Gottes Hilfe wird es mir gelingen.«

»Ja, das tu nur«, sagte das Mädchen, »suche den Vogel; denn so lange der Vogel lebt, können deine Brüder nicht wieder frei werden; für diese Nacht aber mußt du dich unter dem Bettgestell verstecken, damit der Alte dich nicht merkt; morgen kannst du weiter.«

Das tat er denn auch und kroch unter das Bett, sobald der alte Mann nach Hause kam; aber am andern Morgen, als er wieder ausgegangen, holte die Braut den Bräutigam aus dem Versteck hervor, gab ihm einen ganzen Korb voll Lebensmittel, und nach einem zärtlichen Abschied machte er sich auf den Weg. Als er nun eine ganze Weile gegangen war und ihn hungerte, setzte er sich nieder, stellte seinen Korb vor sich und machte ihn auf; indem er aber Fleisch und Brot hervorlangte, sprach er: »Wer nun Lust hat, mitzuessen, der komme!«

Alsobald kam da ein großer, roter Ochse an und sprach: »Hast du gesagt, wer mit dir essen wolle, der solle nur kommen, so wollte ich nun gerne mitessen!«

»Jawohl, Kamerad«, antwortete der junge Bursche, »das habe ich gesagt, und du sollst dein Teil haben.«

Nun fingen sie an zu essen, und als sie satt waren, sprach der rote Ochse, indem er wieder gehen wollte: »Wenn du in Not bist und meiner Hilfe bedarfst, so kannst du deinen Wunsch nur aussprechen, dann komme ich und helfe dir.«

Gleich darauf war er unter den Bäumen verschwunden, und der Bursche setzte seine Reise fort. Als er nun wieder eine weite Strecke gegangen war und ihn abermals hungerte, so setzte er sich nieder, öffnete den Korb und sprach wie früher: »Wer nun Lust hat mitzuessen, der komme!«

Gleich kam aus dem Gebüsch ein großes, wildes Schwein und sprach: »Du hast gesagt, wer mit dir essen wollte, der sollte nur kommen; nun wollte ich gerne mitessen.«

Der Bräutigam antwortete: »Das ist mir ganz recht, Kamerad, lange nur zu.«

Nachdem sie aber gegessen hatten, so sprach auch das wilde Schwein: »Wenn du in Not bist und meiner Hilfe bedarfst, so sprich den Wunsch nur aus, und ich will dir helfen.«

Darauf verschwand es im Walde, und der Bursche setzte seine Reise fort. Als er nun am dritten Tage essen wollte und wieder sprach: »Wer nun Lust hat, mit mir zu essen, der komme«, da rauschte es in den Gipfeln der Bäume, und der Vogel Greif ließ sich nieder und setzte sich neben den Reisenden, indem er sprach: »Hast du das gesagt, wer mit dir essen wolle, der solle nur kommen, so wollte ich gerne mit dir essen.«

»Recht gerne«, antwortete der Bräutigam, »in Gesellschaft speisen ist angenehmer als ohne Gesellschaft, lange nur zu!«

Nun fingen sie beide an zu essen. Als sie aber satt waren, sprach der Vogel Greif: »Wenn du in Not bist, kannst du mich nur rufen, und ich will dir beistehen.«

Darauf verschwand er in der Luft, und der Bräutigam setzte seinen Weg fort. Es dauerte aber nicht lange mehr, so konnte er die Kirche schon in der Ferne sehen; er verdoppelte seine Schritte, und bald war er in ihrer Nähe. Aber da war ihm der Burggraben im Wege, der war ihm zu tief, um hindurch zu waten, und schwimmen konnte er auch nicht. Da fiel ihm zum Glück der rote Ochse ein; der könnte dir jetzt helfen, dachte er, wenn er einen grünen Steig durch das Wasser tränke. Wenn er doch hier wäre! Kaum hatte er das gesagt, so war der rote Ochse da, legte sich in die Knie und trank so lange, bis ein grüner, trockener Steig durchs Wasser ging. Der junge Bursche ging nun durch den Graben und stand vor der Kirche, doch sie hatte so starke eiserne Türen, daß er keine öffnen konnte, und die Wände waren viele Fuß dick, nirgends war eine Öffnung. Da er nun kein anderes Mittel wußte, versuchte er es, einzelne Steine aus der Mauer herauszubrechen; mit vieler Mühe gelang es ihm, einen herauszubringen. Da fiel ihm ein, daß das wilde Schwein ihm helfen könne. Er rief: »Oh, wäre das wilde Schwein doch hier!« Sogleich stürmte es daher und rannte mit solchem Ungestüm gegen die Mauer, daß augenblicklich ein großes Loch entstand. Der junge Bursch ging jetzt in die Kirche hinein; da sah er den Vogel darin herumfliegen. Den kannst du selbst nicht greifen, dachte er, aber wenn der Vogel Greif nur hier wäre! Kaum hatte er das gesagt, war der Vogel Greif da, aber diesen selbst kostete es viele Mühe, den kleinen Vogel zu fangen; endlich aber griff er ihn, gab ihn dem jungen Mann in die Hand und flog davon. Freudig steckte der seine Beute in seinen

Korb und trat nun den Rückweg an nach dem Häuschen, wo seine Braut war.
Als er bei ihr wieder angekommen war und ihr erzählte, daß er den Vogel gefangen im Korb habe, da freute sie sich sehr und sprach: »Nun sollst du erst schnell ein bißchen essen, und dann krieche nur wieder unter die Bettstelle mit dem Vogel, daß der alte Mann dich nicht gewahr wird!« Das geschah, und eben als er unter dem Bett lag, so kam auch schon der alte Mann nach Hause, er fühlte sich aber krank und klagte. Da fing das Mädchen wieder an zu weinen und sprach: »Ach, nun stirbt Vater doch, das kann man ja sehen, und Vater hat doch ein Herz in der Brust!«
»Ach, Kind«, erwiderte der Alte, »schweig doch still, ich kann nicht sterben, es geht gewiß bald vorüber!« Nun aber kniff der Bräutigam unter der Bettstelle den Vogel ein wenig. Da ward dem Alten ganz schlecht, daß er sich niedersetzte, und als der Bursche den Vogel noch fester anfaßte, fiel er ohnmächtig vom Stuhl. Da rief die Braut: »Kneif ihn jetzt nur ganz tot«, und als der Bursche das getan, lag auch der Alte tot auf dem Boden. Da holte das Mädchen ihren Bräutigam erst unter der Bettstelle hervor, aber dann ging sie hin, nahm die Steine und das weiße Stöckchen vom Borte über der Tür, klopfte damit an jeden Stein, da standen mit einem Male alle ihr Schwestern und die Brüder wieder vor ihr.
»So«, sagte sie, »nun wollen wir nach Hause reisen und Hochzeit geben und glücklich sein, denn der alte Mann ist tot, und wir haben nichts mehr von ihm zu fürchten.« Und das taten sie dann auch. Sie reisten fröhlich miteinander fort, feierten ihre Hochzeit alle an einem Tage und lebten danach noch viele Jahre einträchtig und glücklich miteinander.

DER MEISTER UND SEIN SCHÜLER

Es war einmal ein armer Bauer, der hatte einen Sohn. Eines Tages sagte seine Frau: »Du mußt den Jungen etwas lernen lassen, sonst wird nichts aus ihm. Was soll denn das sein, wenn er so unwissend bleibt wie du.«

Dem Bauern paßte das zwar nicht, aber die Bäuerin gab ihm keine Ruhe. So machte er sich denn einmal auf den Weg, nahm seinen Sohn mit sich und begab sich auf die Suche nach einem Meister. Unterwegs wurden sie beide durstig, und da sie eben eine Quelle fanden, tranken sie sich satt und standen wieder auf mit den Worten: »Ach, wie gut bist du.«

Da kam plötzlich ein Teufel aus der Quelle hervor, verwandelte sich in einen Menschen und sagte zu dem Bauern: »Was willst du, Mensch? Was fehlt dir?« Der Bauer erzählte ihm, was er beabsichtige. »Gib mir deinen Sohn«, sagte der Teufel, »und laß ihn auf ein Jahr bei mir. Ich werde ihn lehren. Dann komm, wenn du ihn wiedererkennst, kannst du ihn mitnehmen, wenn nicht, bleibt er bei mir.«

Bei dem Teufel waren noch viele andere Knaben, die er auf diese Weise sich zu eigen gemacht hatte. Im Laufe eines Jahres hatten sie sich so verändert, daß ihre Eltern sie nicht wiedererkennen konnten. Aber das wußte der Bauer ja nicht; darum willigte er in den Vorschlag des Teufels ein, ließ seinen Jungen da und machte sich auf den Heimweg.

Als das Jahr um war, ging er seinen Sohn aufsuchen. Der Teufel war gerade nicht anwesend, und auf dem Hof stand eine ganze Menge Knaben. Der Bauer schaute und schaute – aber seinen Sohn konnte er nicht herausfinden. Desto besser kannte dieser seinen Vater und stand plötzlich vor ihm.

»Jetzt kommt unser Meister«, sagte er, »verwandelt uns alle in Tauben und befiehlt uns aufzufliegen. Wenn wir dann wegfliegen, werde ich die vorderste sein, und wenn wir zurückkommen, die hinterste. Wenn dich dann der Meister fragt, welche Taube dein Sohn sei, so wirst du wissen, welche es ist.«
Wie freute sich da der Bauer und mit welchen Hoffnungen wartete er die Rückkehr des Meisters ab. Der kam auch wirklich nach einiger Zeit, rief seine Schüler zusammen, verwandelte alle in Tauben und ließ sie auffliegen. Wirklich war der Bauernsohn der letzte, als sie zurückflogen.
»Nun, welche von den Tauben ist dein Sohn?« fragte der Meister. Der Bauer deutete auf die letzte. Ganz greulich ärgerte sich da der Teufel; er erriet gleich, was dahintersteckte, aber was sollte er machen? Er mußte dem Bauern seinen Sohn zurückgeben.
Vater und Sohn machten sich also auf den Heimweg. Da trafen sie eine Schar Edelleute, die eben jagten. Ein Hase lief da und hinter ihm die Hunde her, die ihn aber nicht einholen konnten. Da sagte der Junge zu seinem Vater: »Geh in dieses Gebüsch und jage einen Hasen auf; ich verwandle mich in einen Hund und fange ihn vor den Augen dieser Edelleute. Die werden dann in dich dringen, deinen Hund zu verkaufen; zier dich aber und verkauf mich recht teuer. Dann verwandle ich mich im passenden Augenblick wieder und hole dich ein!«
Gesagt, getan. Der Vater geht ins Gebüsch, scheucht einen Hasen auf, der Sohn verwandelt sich in einen Jagdhund, läuft dem Hasen nach, holt ihn ein und erwischt ihn vor den Augen der Edelleute.
Natürlich wollten die nun den Hund haben, kamen zu dem Bauern und forderten ihn auf, seinen Jagdhund zu verkaufen. Der tat zuerst, als wollte er nicht; als sie ihm aber immer mehr boten, willigte er schließlich ein, steckte das Geld in die Tasche und gab ihnen den Hund. Die Edelleute banden das Tier mit einem Strick fest und führten es weg. Bald darauf stöberten sie unter einem Busche wieder einen Hasen auf, ließen den eben gekauften Jagdhund los und hetz-

ten ihn auf den Hasen. Der Hund jagte das Langohr ein gutes Stück Weg vor sich hin, und als ihn die Jäger aus dem Gesicht verloren hatten, verwandelte er sich wieder in einen Jungen und lief seinem Vater nach.

Als sie beide eine Weile gegangen waren, schien ihnen das Geld zu wenig. »Wir müssen noch welches bekommen«, sagte der Junge zu seinem Vater.

Wirklich trafen sie bald darauf auf eine zweite Gesellschaft von Edelleuten, die auf Fasanen jagten. Sie hatten ihren Falken losgelassen, aber es war umsonst gewesen. Schnell verwandelte sich nun der Junge in einen Jagdfalken und schlug einen Fasanen in der Luft.

Die Edelleute wurden fast närrisch vor Begeisterung, so sehr gefiel ihnen dieser Falke, und feilschten mit dem Bauern um dessen Preis. Billig ließ er ihn aber nicht ab, steckte sein Geld ein und trollte sich.

Die Jäger wollten ihren neuen Falken bald auf die Probe setzen und ließen ihn auf den nächsten Fasanen los, den sie sahen. Der Falke jagte den Fasan ein gutes Stück weit, verwandelte sich dann wieder und – lief seinem Vater nach.

Jetzt hatten sie schon ziemlich viel Geld, aber dem Jungen war's noch immer zu wenig, und deshalb schlug er seinem Vater ein neues Stückchen vor.

»Ich will mich in ein edles Pferd verwandeln, setze du dich auf mich, führe mich in die Stadt und verkaufe mich. Aber vergiß nicht: an einen Flimmeräugigen darfst du mich nicht abgeben, und wenn schon, nimm den Zügel ab, sonst kann ich mich nicht mehr verwandeln.«

Kaum hatte er das gesagt, als er schon ein schönes Pferd war. Sein Vater setzte sich darauf und führte es in die Stadt. Dort fanden sich viele Käufer, die Lust hatten, das Tier zu kaufen; am meisten bemühte sich darum ein Flimmeräugiger. Wenn einer einen Rubel mehr bot, so bot er gleich einige Tuman*. Den Bauern überkam die

* = 10 Rubel

Geldgier, und er gab ihm sein Pferd ab. Der Flimmeräugige kaufte ihm auch den Zügel ab, setzte sich darauf und trieb es weg.
Wie er sich freute, daß ihm sein Schüler wieder in die Hände gefallen war! Er ritt nach Hause und schloß ihn in einen dunkeln Raum ein. Der Schüler aber wurde traurig und elend und dachte darüber nach, wie er sich befreien könnte, fand aber kein Mittel. So verging die Zeit.
Eines Tages bemerkte er, wie in seinen Stall ein Sonnenstrahl eindrang. Als er nachsah, war es eine Spalte in der Tür. Schnell verwandelte er sich in eine Maus und schlüpfte hinaus. Als ihn der Meister sah, verwandelte er sich in eine Katze und lief der Maus nach.
Da läuft die Maus, ihr nach die Katze! Schon hatte diese den Rachen geöffnet, um ihre Beute zu packen, als die Maus sich in einen Fisch verwandelte und ins Wasser sprang. Aber der Meister wurde im Nu ein Netz und schwamm hinter dem Fisch her. Fast war dieser gefangen, da verwandelte er sich in einen Fasan, der Meister als Falke hinter ihm her. Schon fühlte der Fasan die Klauen seines Feindes, als er sich in Gestalt eines rotbackigen Apfels niederfallen ließ, gerade in den Schoß des Königs. Gleich wurde der Meister zum Messer, das der König auf einmal in der Hand hielt. Schon wollte dieser zugreifen und den Apfel zerschneiden ... da war aber schon kein Apfel mehr da, sondern ein Häufchen Hirse, und davor stand eine Henne mit ihren Küken – der Meister. Sie pickten und pickten, bis nur noch ein Körnchen überblieb. Das wurde im letzten Augenblick zu einer Nadel, Huhn und Küken zu einem Faden im Öhr der Nadel. Da flammte die Nadel auf und – der Faden verbrannte.
Dann verwandelte sich die Nadel wieder in einen Jungen, der nach Hause zu seinem Vater ging und mit diesem froh und glücklich seine Tage verbrachte.

DAS BERGGEISTL

Es war einmal ein armes Weib, das hatte nur ein einziges Kind, ein gutes, braves Mädchen, und das war alles, was sie hatte. Und die Mutter lag sterbenskrank und hatte weder einen Bissen Brot noch einen roten Pfennig zu Hause. Da sprach es zu seinem Kinde: »Geh in den Wald, Moidele, und klaub dort Beeren. Die kannst du dann in die Stadt tragen und verkaufen.«

Das Mädchen nahm ihr Weidenkörbchen und ging in den Wald hinein und kam immer weiter und weiter im dunkeln Forste, bis es endlich Schwarzbeeren die Menge fand. Es sammelte sie nun ins Körbchen, hatte auf nichts anderes acht und wurde des Pflückens gar nicht müde. Dabei dachte es sich: Wenn ich das Körbchen gehäuft voll habe, kann ich zwei Sechser bekommen und der Mutter etwas Besseres als nur Brot kaufen.

Darüber war der Tag schon vergangen, und es dämmerte schon hinter den Bergen herauf. Da stand auch das Mädchen auf, sah seelenvergnügt aufs volle Körbchen und wollte heimgehen. Es machte sich nun auf den Weg, doch bald war der Steig verschwunden, und es wußte nicht, wohin und woaus. Es lief nun über Stock und Stein, durch dick und dünn, doch je weiter es ging, desto dichter wurden die Bäume und desto mehr begann es zu dunkeln. Da wurde es dem Kinde ganz unheimlich zumute, es stand still und weinte bitterlich.

Dann faßte es sich wieder ein Herz und ging vorwärts, doch an ein Finden aus dem Walde war nicht zu denken. Als Moidele schon ganz verzagt war und dachte, jetzt kannst du nicht wieder nach Hause, trappelte es plötzlich durch die Bäume daher, und ehe sie es meinte, stand ein kleines, kleines Männchen vor ihr, das war in grauen Baumbart gekleidet. Es war das Berggeistl.

Als es sah, wie das Mädchen weinte, fragte es gar freundlich: »Was fehlt denn dir, daß du so weinst?«
»Ach«, antwortete Moidele schluchzend, »ich habe Schwarzbeeren geklaubt, um dafür Brot und Fleisch für die kranke Mutter zu kaufen, und jetzt find ich nicht mehr aus dem Walde und muß hier übernachten, und die kranke Mutter ist ganz allein.«
»Wenn nur das fehlt«, erwiderte das Männchen, »so ist dir leicht zu helfen. Warte, ich werde dich gleich aus dem Walde führen, folge mir nur!« Mit diesen Worten ging das Berggeistl voraus, und wo es hintrat, war guter Weg. Das Mädchen folgte, obwohl es hundsmüde war, und bald wurde der Wald lichter und lichter, und sie standen im Freien. Dem Moidele klopfte nun das Herz vor Freude, und es dankte dem kleinen Männchen gar herzlich.
»Deine Mutter ist krank«, sprach da das Berggeistl. »Weil du so brav bist, soll ihr geholfen werden.« Da bückte es sich und pflückte ein paar Kräuter, die es dem Kinde gab.
»Siede sie heute noch und gib das Wasser davon deiner Mutter zu trinken, und sie wird alsogleich gesund werden.« Das Berggeistl lächelte und im Husch war es verschwunden. Moidele lief nun voll Freude heim und erzählte der Mutter, was ihm im Walde begegnet war. Dann ging es in die rußige Küche, machte Feuer an und sott die Kräuter, seihte das Wasser davon ab und brachte es der Mutter. Die trank es, und kaum hatte sie den letzten Tropfen davon zu sich genommen, als sie sich ganz gesund fühlte und aufstand.
Dies alles hatte der Bub des Nachbarn gesehen, der öfter in die Hütte kam, und dachte bei sich: Warte, jetzt will ich auch in den Wald hinausgehen und mir solche Wunderkräuter geben lassen. Die will ich dann in der Stadt um teures Geld verkaufen und mir dafür Zukkerfeigen und anderes anschaffen.
Gedacht, getan. – Am anderen Tage ging er in den Wald, aß dort Heidelbeeren, soviel er mochte, und als er deren satt war, drang er tiefer in den Wald und fing endlich zu flennen und zu heulen an, daß die Bäume es widerhallten.

Er hatte schon lange gelärmt, als das Berggeistl dahergegangen kam und fragte: »Was machst du hier in meinem stillen Walde für einen Lärm?«
»Weil ich nimmer heimfinde und meine kranke Mutter ganz allein ist.« Dabei weinte der Knabe und hob beide Hände auf und bat das Männlein auf den Knien, ihn doch aus dem Walde zu führen.
»Wenn dir nichts anderes fehlt, so soll dir geholfen werden«, sprach das Berggeistl und ging voran. Der Knabe folgte ihm. Da führte das Berggeistl den falschen Buben vier Stunden lang durch den dichtesten Wald, bergab, bergauf, so daß er todmüde ward und seine Falschheit bitter bereute.
Als der Knabe vor Müdigkeit beinahe nicht mehr weiterkam, standen sie endlich am Saume des Waldes. Da war er froh und wollte schon davonlaufen, als das Männlein sprach: »Warte, ich muß dir auch ein heilsames Kräutlein mitgeben.«
Bei diesen Worten bückte sich das Berggeistl und rupfte ein paar Blätter ab, die es dem Buben gab. Dann sprach er: »Siede sie dir und trinke vom heilsamen Wasser.«
Kaum hatte der Knabe die Kräuter, so eilte er über Stock und Stein nach Hause und tat nach den Worten des Berggeistls. Er ging in die Küche, machte Feuer an und sott die Kräuter. Dann seihte er das Wasser ab und trank es voll Gier. Doch sieh, kaum hatte er es getrunken, als er für seine Falschheit bitter, bitter bestraft wurde. Es begann ihn zu grimmen, daß er sich vor Schmerzen wie ein Wurm wand und bog. Das dauerte einige Tage, und seitdem war er ein braver Bursche, das Kräutlein hatte eine gar heilsame Wirkung getan.

DER APFEL DER GESUNDHEIT

Wie man erzählt, lebte vor vielen, sehr vielen Jahren ein altes Ehepaar, das hatte drei Söhne. Alle lebten sie im größten Elend; kaum hatten sie bescheidene Mittel, um sich durchzuschlagen, und sie zogen nur etwas Gewinn aus dem wunderbaren Apfelbaum der Gesundheit, der in ihrem Garten wuchs.

Einmal, als der Hunger an alle Türen klopfte, erkrankte die Tochter des Königs, viele Ärzte und Heilkünstler kamen zu ihr, ohne daß jemand ihre Krankheit erkennen konnte, bis eine alte Frau den Ausspruch tat, die Prinzessin werde gesund werden, wenn sie den Apfel der Gesundheit esse, der an einem wunderbaren Baume wuchs; aber damit dies geschehe, müsse sie jenen Mann oder Jüngling heiraten, der ihr den Apfel bringe.

Als der König dies hörte, schickte er seine Herolde durch sein ganzes Reich und ließ sein Volk wissen, daß er bereit sei, die Hand seiner Tochter, der Prinzessin, demjenigen zu geben, der ihr den Apfel der Gesundheit bringe, um sie von jener sonderbaren Krankheit, die sie verzehre, zu befreien. Als jenes alte Ehepaar, das drei Söhne hatte, von dieser Botschaft des Königs hörte, da wünschten diese, ihr die Äpfel der Gesundheit zu bringen, die am wunderbaren Baum in ihrem Garten wuchsen. Weil aber nur einer dieses Recht ausüben konnte, so wurde beschlossen, daß der älteste von allen dreien ein Körbchen der kostbaren Äpfel pflückte und sich zum König begebe, um sie anzubieten.

Als dies nun einmal beschlossen war, da machte sich früh am Morgen der älteste von den Jünglingen auf den Weg, indem er die kostbaren Äpfel der Gesundheit trug. Er wanderte einen ganzen Tag und einen zweiten und auch noch einen dritten Tag, da sah er beim Durchgehen eines Gehölzes am Rande des Weges ein ganz verhutzeltes altes Mütterchen stehen, das infolge seiner vielen Jahre am ganzen Leib zitterte; und sie fragte ihn: »Lieber Jüngling, lieber Jüngling, gibst du mir um Gottes willen ein wenig von deinem Abendbrot, denn ich sterbe fast vor Hunger?«

»Ich habe keins, liebe Frau.«

»Und dann, wohin gehst du, Mann?«

»Was geht das Euch an?«

»Dann, was trägst du im Korbe?«

»Da trage ich Steine.«

»Dann sollen es auch Steine werden.«

Der Jüngling setzte seinen Weg fort, und als er zum Palast des Königs gelangte, sagte er, was er da bringe, und wurde sofort eingelassen. Aber als er triumphierend die Äpfel der Gesundheit vorzeigen wollte, die er trug, da sah er mit Entsetzen, daß sie sich in Steine verwandelt hatten.

Die Diener des Königs dachten, daß der Jüngling sich über sie lustig machen wolle. Sie prügelten ihn durch, soviel sie Lust hatten, so daß er kaum Kraft genug hatte, um sich von ihnen fortzuschleppen.

Als der mittlere Bruder erfuhr, was dem ältesten zugestoßen war, ging er in den Garten, um ebenfalls einen Korb voll Äpfel der Gesundheit zu pflücken; dabei glaubte er sie alle abgesammelt zu haben, damit, wenn er nicht der Glückliche sei, auch der jüngste Bruder es nicht werden könne.

Der mittlere Bruder machte seinen Weg wie der älteste, und als er zum Gehölz kam, traf er ebenfalls das verhutzelte alte Mütterchen, das infolge seiner vielen Jahre am ganzen Leib zitterte, und es sprach auch zu ihm: »Lieber Jüngling, lieber Jüngling, gibst du mir um Gottes willen ein wenig von deinem Abendbrot, denn ich sterbe fast vor Hunger?«

»Ich habe keins, liebe Frau.«

»Und dann, wohin gehst du, Mann?«

»Was geht es Euch an?«
»Dann, was trägst du im Korbe?«
»Da trage ich Frösche.«
»Dann sollen es auch Frösche werden.«
Der Jüngling setzte seinen Weg fort, und als er zum Palast des Königs gelangte, sagte er, was er da bringe, und wurde sofort eingelassen, aber als er triumphierend die Äpfel der Gesundheit vorzeigen wollte, die er trug, da sah er mit Entsetzen, daß sie sich in lauter Frösche verwandelt hatten, welche aus dem Korb heraussprangen.
Ebenso wie es beim ältesten Bruder geschehen war, glaubten die Diener des Königs verhöhnt zu werden und verprügelten den Jüngling.
Da nun der jüngste Bruder an der Reihe war, ging er in den Garten, um nach den Äpfeln der Gesundheit zu suchen, sah aber zu seinem Verdruß, daß der wunderbare Baum nur noch Blätter trug. Da er das nicht glauben wollte, was er sah, untersuchte er ruhig einen Zweig nach dem anderen und fand endlich in einem Winkel halbversteckt einen sehr kleinen, aber sehr schön aussehenden Apfel. Er pflückte ihn sehr vorsichtig ab und machte sich auf den Weg, um ihn zum König zu bringen.
Als er auf seinem Wege das Gehölz durchschritt, traf auch er das verhutzelte und zitternde alte Mütterchen, und sobald sie ihn sah, sprach sie zu ihm ebenfalls: »Lieber Jüngling, lieber Jüngling, gibst du mir um Gottes willen ein wenig von deinem Abendbrot, denn ich sterbe fast vor Hunger?«
»Das kann ich nicht, liebe Frau, denn ich habe kein Abendbrot, wenn ich aber eins hätte, so würde ich Euch alles geben.«
»Gut, Mann, gut, ich sehe, daß du wohlerzogen bist. Und sage mir, wohin gehst du, Mann?«
»Ich gehe zu dem König, dessen Prinzessin an einem sonderbaren Leiden erkrankt ist, und man sagt, daß sie nur mit den Äpfeln der Gesundheit davon kuriert werden kann. Nun bringe ich ihr den letzten, der am Baume gewesen ist, um sie zu heilen.«

»Dann möge es auch so geschehen, Mann, dann möge es auch so geschehen.«
Und der Jüngling setzte mit dem Segen der Alten seinen Weg fort. Alsbald kam er zum Palast des Königs, wo man sich sehr freute, als man den Apfel sah. Man gab ihn der Prinzessin zu essen, und während sie die wunderbare Frucht hinunterschluckte, kehrte zu ihr die Gesundheit und die leuchtende Farbe ihrer roten Lippen und ihrer kindlichen Wangen zurück.
Der König hielt ehrlich sein Versprechen und verheiratete den jüngsten Sohn des alten Ehepaars mit der Prinzessin, und man sagt, daß sie immer sehr glücklich gewesen sind.

DER STARKE HANS

Es war einmal ein Mann und eine Frau, die hatten nur ein einziges Kind und lebten in einem abseits gelegenen Tale ganz allein. Es trug sich zu, daß die Mutter einmal ins Holz ging, Tannenreiser zu lesen, und den kleinen Hans, der erst zwei Jahre alt war, mitnahm. Da es gerade in der Frühlingszeit war, und das Kind seine Freude an den bunten Blumen hatte, so ging sie immer weiter mit ihm in den Wald hinein.
Plötzlich sprangen aus dem Gebüsch zwei Räuber hervor, packten die Mutter und das Kind und führten sie tief in den schwarzen Wald, wo jahraus jahrein kein Mensch hinkam. Die arme Frau bat die Räuber inständig, sie mit ihrem Kinde freizulassen, aber das Herz der Räuber war von Stein: Sie hörten nicht auf ihr Bitten und

Flehen und trieben sie mit Gewalt an weiterzugehen. Nachdem sie etwa zwei Stunden durch Stauden und Dornen sich hatten durcharbeiten müssen, kamen sie zu einem Felsen, wo eine Tür war. Die Räuber klopften an, und alsbald öffnete sich die Tür. Sie mußten durch einen langen, dunklen Gang und kamen endlich in eine große Höhle, die von einem Feuer, das auf dem Herd brannte, erleuchtet war. An der Wand hingen Schwerter, Säbel und andere Mordwaffen, die in dem Lichte blinkten, und in der Mitte stand ein schwarzer Tisch, an dem vier andere Räuber saßen und spielten, und obenan saß der Hauptmann. Dieser kam, als er die Frau sah, herbei, redete sie an und sagte, sie sollte nur ruhig und ohne Angst sein, sie täten ihr nichts zuleid, aber sie müßte das Hauswesen besorgen, und wenn sie alles in Ordnung hielte, so sollte sie es nicht schlimm bei ihnen haben. Darauf gaben sie ihr etwas zu essen und zeigten ihr ein Bett, wo sie mit ihrem Kind schlafen könnte.

Die Frau blieb viele Jahre bei den Räubern, und Hans ward groß und stark. Die Mutter erzählte ihm Geschichten und lehrte ihn in einem alten Ritterbuch, das sie in der Höhle fand, lesen. Als Hans elf Jahre alt war, machte er sich aus einem Tannenast einen starken Knüttel und versteckte ihn hinter dem Bett; dann ging er zu seiner Mutter und sprach: »Liebe Mutter, sage mir jetzt einmal, wer mein Vater ist, ich will und muß es wissen.« Die Mutter schwieg still und wollte es ihm nicht sagen, damit er nicht Heimweh bekäme. Sie wußte auch, daß die gottlosen Räuber den Hans doch nicht fortlassen würden, aber es hätte ihr fast das Herz zersprengt, daß Hans nicht zu seinem Vater kommen sollte. In der Nacht, als die Räuber von ihrem Raubzug heimkehrten, holte Hans seinen Knüttel hervor, stellte sich vor den Hauptmann und sagte: »Jetzt will ich wissen, wer mein Vater ist, und wenn du mir's nicht gleich sagst, so schlage ich dich nieder.« Da lachte der Hauptmann und gab dem Hans eine Ohrfeige, daß er unter den Tisch kugelte. Hans machte sich wieder auf, schwieg und dachte: Ich will noch ein Jahr warten und es dann noch einmal versuchen, vielleicht geht's besser.

Als das Jahr herum war, holte er seinen Knüttel wieder hervor, wischte den Staub ab, betrachtete ihn und sprach: »Es ist ein tüchtiger, wackerer Knüttel.« Nachts kamen die Räuber heim, tranken Wein, einen Krug nach dem andern, und ließen bald die Köpfe hängen. Da holte der Hans seinen Knüttel herbei, stellte sich wieder vor den Hauptmann und fragte ihn, wer sein Vater wäre. Der Hauptmann gab ihm abermals eine Ohrfeige, daß Hans unter den Tisch rollte, aber es dauerte nicht lange, so war er wieder oben und schlug mit seinem Knüttel auf den Hauptmann und die Räuber, daß sie Arme und Beine nicht mehr regen konnten. Die Mutter stand in einer Ecke und war voll Verwunderung über seine Tapferkeit und Stärke. Als Hans mit seiner Arbeit fertig war, ging er zu seiner Mutter und sagte: »Jetzt ist mir's ernst gewesen, aber jetzt muß ich auch wissen, wer mein Vater ist.«

»Lieber Hans«, antwortete die Mutter, »komm, wir wollen gehen und ihn suchen, bis wir ihn finden.« Sie nahm dem Hauptmann den Schlüssel zu der Eingangstür ab, und Hans holte einen großen Mehlsack, packte Gold, Silber und was er sonst noch für schöne Sachen fand, zusammen, bis er voll war, und nahm ihn dann auf den Rücken. Sie verließen die Höhle, aber wie tat Hans die Augen auf, als er aus der Finsternis heraus in das Tageslicht kam und den grünen Wald, Blumen und Vögel und die Morgensonne am Himmel erblickte! Er stand da und staunte alles an, als wenn er nicht recht gescheit wäre. Die Mutter suchte den Weg nach Haus, und als sie ein paar Stunden gegangen waren, so kamen sie glücklich in ihr einsames Tal und zu ihrem Häuschen.

Der Vater saß unter der Tür, er weinte vor Freude, als er seine Frau erkannte und hörte, daß Hans sein Sohn war, die er beide längst für tot gehalten hatte. Aber Hans, obgleich erst zwölf Jahre alt, war doch einen Kopf größer als sein Vater. Sie gingen zusammen in das Stübchen, aber kaum hatte Hans seinen Sack auf die Ofenbank gesetzt, so fing das ganze Haus an zu krachen, die Bank brach ein und dann auch der Fußboden, und der schwere Sack sank in den Keller hinab. »Gott behüte uns«, rief der Vater, »was ist das? Jetzt hast du unser Häuschen zerbrochen.«

»Laßt Euch keine grauen Haare darüber wachsen, lieber Vater«, antwortete Hans, »da in dem Sack steckt mehr, als für ein neues Haus nötig ist.« Der Vater und Hans fingen auch gleich an, ein neues Haus zu bauen, Vieh zu erhandeln und Land zu kaufen und zu wirtschaften. Hans ackerte die Felder, und wenn er hinter dem Pflug ging und ihn in die Erde hineinschob, so hatten die Stiere fast nicht nötig zu ziehen.

Im nächsten Frühling sagte Hans: »Vater, behaltet alles Geld und laßt mir einen zentnerschweren Spazierstab machen, damit ich in die Fremde gehen kann.« Als der verlangte Stab fertig war, verließ er seines Vaters Haus, zog fort und kam in einen tiefen und finsteren Wald. Da hörte er etwas knistern und knastern, schaute um sich und sah eine Tanne, die von unten bis oben wie ein Seil gewunden war. Und wie er die Augen in die Höhe richtete, so erblickte er einen großen Kerl, der den Baum gepackt hatte und ihn wie eine Weidenrute umdrehte. »He!« rief Hans, »was machst du da droben?«

Der Kerl antwortete: »Ich habe gestern Reisig zusammengetragen und will mir ein Seil dazu drehen.«

Das laß ich mir gefallen, dachte Hans, der hat Kräfte, und rief ihm zu: »Laß du das gut sein und komm mit mir.«

Der Kerl kletterte von oben herab und war einen ganzen Kopf größer als Hans, und der war doch auch nicht klein. »Du heißest jetzt Tannendreher«, sagte Hans zu ihm. Sie gingen darauf weiter und hörten etwas klopfen und hämmern, so stark, daß bei jedem Schlag der Erdboden zitterte. Bald darauf kamen sie zu einem mächtigen Felsen, vor dem stand ein Riese und schlug mit der Faust große Stükke davon ab. Als Hans fragte, was er da vorhätte, antwortete er: »Wenn ich nachts schlafen will, so kommen Bären, Wölfe und anderes Ungeziefer der Art, die schnuppern und schnuffeln an mir herum und lassen mich nicht schlafen, da will ich mir ein Haus bauen und mich hineinlegen, damit ich Ruhe habe.«

Ei jawohl, dachte Hans, den kannst du auch noch brauchen, und sprach zu ihm: »Laß das Hausbauen gut sein und geh mit mir, du sollst der Felsenklipperer heißen.«
Er willigte ein, und sie strichen alle drei durch den Wald hin, und wo sie hinkamen, da wurden die wilden Tiere aufgeschreckt und liefen vor ihnen weg. Abends kamen sie in ein altes verlassenes Schloß, stiegen hinauf und legten sich in den Saal schlafen. Am andern Morgen ging Hans hinab in den Garten, der war ganz verwildert und stand voll Dornen und Gebüsch. Und wie er so herumging, sprang ein Wildschwein auf ihn los. Er gab ihm aber mit seinem Stab einen Schlag, daß es gleich niederfiel. Dann nahm er es auf die Schulter und brachte es hinauf; da steckten sie es an einen Spieß, machten sich einen Braten zurecht und waren guter Dinge.
Nun verabredeten sie, daß jeden Tag der Reihe nach zwei auf die Jagd gehen sollten und einer daheim bleiben und kochen, für jeden neun Pfund Fleisch. Den ersten Tag blieb der Tannendreher daheim, und Hans und der Felsenklipperer gingen auf die Jagd. Als der Tannendreher beim Kochen beschäftigt war, kam ein kleines altes, zusammengeschrumpeltes Männchen zu ihm auf das Schloß und forderte Fleisch. »Pack dich, Duckmäuser«, antwortete er, »du brauchst kein Fleisch.« Aber wie verwunderte sich der Tannendreher, als das kleine unscheinbare Männlein an ihm heraufsprang und mit Fäusten so auf ihn einschlug, daß er sich nicht wehren konnte, zur Erde fiel und nach Atem schnappte. Das Männlein ging nicht eher fort, als bis es seinen Zorn völlig an ihm ausgelassen hatte. Als die zwei andern von der Jagd heimkamen, sagte ihnen der Tannendreher nichts von dem alten Männlein und den Schlägen, die er bekommen hatte, und dachte: Wenn sie daheim bleiben, so können sie's auch einmal mit der kleinen Kratzbürste versuchen, und der bloße Gedanke machte ihm schon Vergnügen.
Den folgenden Tag blieb der Steinklipperer daheim, und dem ging es geradeso wie dem Tannendreher, er ward von dem Männlein übel zugerichtet, weil er ihm kein Fleisch hatte geben wollen. Als die an-

dern abends nach Haus kamen, sah es ihm der Tannendreher wohl an, was er erfahren hatte, aber beide schwiegen still und dachten: Der Hans muß auch von der Suppe kosten.
Der Hans, der den nächsten Tag daheimbleiben mußte, tat seine Arbeit in der Küche, wie sich's gebührte, und als er oben stand und den Kessel abschaumte, kam das Männchen und forderte ohne weiteres ein Stück Fleisch. Da dachte Hans: Es ist ein armer Wicht, ich will ihm von meinem Anteil geben, damit die andern nicht zu kurz kommen, und reichte ihm ein Stück Fleisch. Als es der Zwerg verzehrt hatte, verlangte er nochmals Fleisch, und der gutmütige Hans gab es ihm und sagte, da wäre noch ein schönes Stück, damit sollte er zufrieden sein. Der Zwerg forderte aber zum dritten Mal. »Du wirst unverschämt«, sagte Hans und gab ihm nichts.
Da wollte der boshafte Zwerg an ihm hinaufspringen und ihn wie den Tannendreher und Felsenklipperer behandeln, aber er kam an den Unrechten. Hans gab ihm, ohne sich anzustrengen, ein paar Hiebe, daß er die Schloßtreppe hinabsprang. Hans wollte ihm nachlaufen, fiel aber, so lang er war, über ihn hin. Als er sich wieder aufgerichtet hatte, war ihm der Zwerg voraus. Hans eilte ihm bis in den Wald nach und sah, wie er in eine Felsenhöhle schlüpfte. Hans kehrte nun heim, hatte sich aber die Stelle gemerkt. Die beiden andern, als sie nach Haus kamen, wunderten sich, daß Hans so wohlauf war. Er erzählte ihnen, was sich zugetragen hatte, und da verschwiegen sie nicht länger, wie es ihnen ergangen war. Hans lachte und sagte: »Es ist euch ganz recht geschehen, warum seid ihr so geizig mit eurem Fleisch gewesen, aber es ist eine Schande, ihr seid so groß und habt euch von dem Zwerge Schläge geben lassen.«
Sie nahmen darauf Korb und Seil und gingen alle drei zu der Felsenhöhle, in welche der Zwerg geschlüpft war, und ließen den Hans mit seinem Stab im Korb hinab. Als Hans auf dem Grund angelangt war, fand er eine Tür, und als er sie öffnete, saß da eine bildschöne Jungfrau, nein, so schön, daß es nicht zu sagen ist, und neben ihr saß der Zwerg und grinste den Hans an wie eine Meerkatze. Sie aber

war mit Ketten gebunden und blickte ihn so traurig an, daß Hans großes Mitleid empfand und dachte: Du mußt sie aus der Gewalt des bösen Zwerges erlösen, und gab ihm einen Streich mit seinem Stab, daß er tot niedersank.

Alsbald fielen die Ketten von der Jungfrau ab, und Hans war wie verzückt über ihre Schönheit. Sie erzählte ihm, sie wäre eine Königstochter, die ein wilder Graf aus ihrer Heimat geraubt und hier in den Felsen eingesperrt hätte, weil sie nichts von ihm hätte wissen wollen: Den Zwerg aber hätte der Graf zum Wächter gesetzt, und er hätte ihr Leid und Drangsal genug angetan. Darauf setzte Hans die Jungfrau in den Korb und ließ sie hinaufziehen. Der Korb kam wieder herab, aber Hans traute den beiden Gesellen nicht und dachte: Sie haben sich schon falsch gezeigt und dir nichts von dem Zwerg gesagt, wer weiß, was sie gegen dich im Schild führen. Da legte er seinen Stab in den Korb, und das war sein Glück, denn als der Korb halb in der Höhe war, ließen sie ihn fallen, und hätte Hans wirklich darin gesessen, so wäre es sein Tod gewesen. Aber nun wußte er nicht, wie er sich aus der Tiefe herausarbeiten sollte, und wie er hin- und herdachte, er fand keinen Rat.

»Es ist doch traurig«, sagte er, »daß du da unten verschmachten sollst.« Und als er so auf und ab ging, kam er wieder zu dem Kämmerchen, wo die Jungfrau gesessen hatte, und sah, daß der Zwerg einen Ring am Finger hatte, der glänzte und schimmerte. Da zog er ihn ab und steckte ihn an, und als er ihn am Finger umdrehete, so hörte er plötzlich etwas über seinem Kopf rauschen. Er blickte in die Höhe und sah da Luftgeister schweben, die sagten, er wäre ihr Herr, und fragten, was sein Begehren wäre.

Hans war anfangs ganz verstummt, dann aber sagte er, sie sollten ihn hinauftragen. Augenblicklich gehorchten sie, und es war nicht anders, als flöge er hinauf. Als er aber oben war, so war kein Mensch mehr zu sehen, und als er in das Schloß ging, so fand er auch dort niemand. Der Tannendreher und der Felsenklipperer waren fortgeeilt und hatten die schöne Jungfrau mitgeführt. Aber Hans drehte den Ring, da kamen die Luftgeister und sagten ihm, die zwei wären auf dem Meer. Hans lief und lief in einem fort, bis er zu dem Meeresstrand kam, da erblickte er weit, weit auf dem Wasser ein Schiffchen, in welchem seine treulosen Gefährten saßen. Und im heftigen Zorn sprang er, ohne sich zu besinnen, mitsamt seinem Stab ins Wasser und fing an zu schwimmen, aber der zentnerschwere Stab zog ihn tief hinab, daß er fast ertrunken wäre. Da drehte er noch zur rechten Zeit den Ring, alsbald kamen die Luftgeister und trugen ihn, so schnell wie der Blitz, in das Schiffchen. Da schwang er seinen Stab und gab den bösen Gesellen den verdienten Lohn und warf sie hinab ins Wasser.

Dann aber ruderte er mit der schönen Jungfrau, die in den größten Ängsten gewesen war und die er zum zweiten Mal befreit hatte, heim zu ihrem Vater und ihrer Mutter und ward mit ihr verheiratet, und alle haben sich gewaltig gefreut.

DAS ERDBEERPFLÜCKEN

Es war einmal eine Frau, die hatte zwei Kinder, einen Knaben und ein Mädchen. Der Knabe hieß Franz und hatte dunkles, krauses Haar und war zehn Jahre alt. Das Mädchen hieß Marlen, hatte helles Haar und war acht Jahre alt. Die Mutter mußte arbeiten gehen, um sich und die Kinder ernähren zu können. Im Sommer, als die Beeren reif waren, mußten die Kinder sie pflükken gehen, dafür konnten sie sich dann mehr kaufen. Nun waren die Erdbeeren reif. Da bekamen beide einen Topf mit und gingen in den Wald. Sie fanden bald eine schöne Stelle, wo die Sträucher voller Beeren waren. Franz hatte seinen Topf bald voll und half dann auch

Marlen, ihren Topf vollmachen. Franz sagte: »Wir sind so schnell fertig geworden, nun wollen wir noch etwas spielen und auf der kleinen Wiese Blumen pflücken.«
Nach einiger Zeit sagte Franz: »Nun müssen wir wohl nach Hause gehen.« Sie hatten die Töpfe an einen Baum gestellt, aber als sie hinkamen, waren die Töpfe nicht mehr da. Wir hatten sie doch hier hingestellt, sagten sie sich. Sie suchten, fanden sie aber nicht mehr. Franz brachte Marlen durch den Wald und ging weiter suchen. Als es dunkel war und er müde wurde, legte er sich schlafen. In der Nacht wachte er auf, und der Mond schien; er sah etwas blitzen, und als er hinkam, war es ein Zwerg, der schleppte einen von den Erdbeertöpfen.
»Die hast du uns gestohlen«, sagte Franz, »wo hast du den andern? Sag es, oder ich verhau dich.«
»Hau bitte nicht«, sagte der Zwerg, klopfte mit einem Hammer an den Berg, der sich auftat. Sie gingen hinein und durch einen Gang. Der Zwerg klopfte dann an eine Tür, und sie kamen in einen großen Saal. In der Mitte des Saales stand ein Stuhl, auf diesem saß der Zwergenkönig, der sagte: »Wo kommst du her, Menschenkind?«
»Ihr habt ja unsere Erdbeeren gestohlen.«
»Willst du sie uns verkaufen?«
»Hast du Geld?«
Da ließ er ihn in eine Stube eintreten, da war alles Gold, die andere Stube voll Silber und die letzte voll Edelsteine. »Ja, du hast Geld!«
Es sollte gerade die Hochzeit der Zwergenprinzessin gefeiert werden. Es wurde ein Tisch gedeckt und Franz erhielt den größten Teller. Danach wurde getanzt. Franz tanzte mit einem kleinen Zwergenmädchen, das hatte einen Kranz von Gold und Edelsteinen im Haar. Franz sagte, er möchte auch gern einmal auf dem Königsstuhl sitzen. Als er aber darauf saß, schlief er ein. Als er aufwachte, lag er wieder unter dem Baum, die leeren Töpfe standen neben ihm. Da lief er nach Hause, wo seine Mutter schon auf ihn wartete. »Gut, daß du da bist!« sagte sie.

»Ja, aber die Erdbeeren sind weg.«
»Hauptsache ist, daß du da bist«, sagte die Mutter, »ich habe den Kaffee schon fertig.« Als sie am Tisch saßen, sagte Marlen: »Was hast du in deinem Haar?« Das war der Kranz des Zwergenmädchens. »Also habe ich ja gar nicht geträumt«, sagte Franz und erzählte nun von seinem Erlebnis. »Ob es wohl reines Gold und Edelsteine sind?«
»Wir wollen einen Zweig abbrechen, und ich gehe damit in die Stadt zum Goldschmied«, sagte die Mutter. Als dieser sich den Kranz besehen hatte, sagte er: »Ja, es ist alles echt. Ich habe gar nicht so viel Geld, es zu bezahlen.«
»Gib mir doch, soviel du kannst.«
Sie bekam einen ganzen Beutel voll Geld dafür. Da ging sie zum Kaufmann und kaufte für sich ein Kleid, Mantel und Wäsche, für Franz und Marlen ebenfalls. Der Kaufmann wollte alles hinbringen lassen. Dann ging sie zum Schuster und kaufte für sich und die Kinder neue Schuhe, dann zum Bäcker, kaufte Brot und auch mal leckere Kuchen. Zu Hause angekommen, fragten die Kinder, wie es war:
»Alles ist echt«, erwiderte die Mutter, »und ihr sollt sehen, was ich alles mitgebracht habe.«
Von nun an haben sie nie mehr Not gelitten. Wenn das Geld ausging, brachen sie wieder einen Zweig ab. Vielen armen Leuten, die zu ihnen kamen, haben sie geholfen, denn sie wußten ja selbst, wie weh Hunger tut.

DER KLOSS

Es waren einmal ein alter Mann und eine alte Frau. Eines Tages sagte der Mann zu der Frau: »Geh, Alte, feg mal im Spind nach und scharre im Kasten. Vielleicht kratzt du noch etwas Mehl für einen Kloß zusammen.«

Die Alte nahm ein paar Hühnerfedern. Sie fegte im Spind und scharrte im Kasten und brachte auch wirklich zwei Handvoll Mehl zusammen. Das mischte sie mit Fettmilch an, machte einen Kloß, briet ihn in Rüböl, daß er brutzelte, und stellte ihn schließlich ans Fenster, damit er kühle.

Da lag er nun, der Kloß. Und als es ihm zu lang ward, rollte er vom Fenster auf die Bank, von der Bank auf den Fußboden, über den Fußboden hin zur Tür, hops – über die Schwelle und in den Vorraum, vom Vorraum durch die Haustür auf den Hof, über den Hof zum Tor und weiter, weiter die Straße entlang.

Und während unser Kloß so rollte, kam ein Hase des Weges daher.

»Kloß, hörst du, Kloß, ich fresse dich!«

»Friß mich nicht, Hase. Ich werd dir auch ein Lied vorsingen!

Bin ein Kloß, ein schöner Kloß.
Weich und rundlich und nicht groß.
Aus dem Kasten gewischt,
Aus dem Spinde gescharrt,
Bin mit Fettmilch gemischt
Und in Rüböl verbackt.
Stand am Fenster zum Kühlen,
Doch sie konnten mich nicht kriegen.
Der alte Mann bekam mich nicht,
Die alte Frau bekam mich nicht,
Und du, Hase, kriegst mich noch lange nicht.«

Und er rollte lustig weiter, ehe sich's der Hase versah. So rollte er, bis ihm ein Wolf begegnete. »Kloß, hörst du, Kloß, ich fresse dich!« »Nein, du wirst mich nicht fressen, grauer Wolf. Ich singe dir ein Liedlein vor:

Bin ein Kloß, ein schöner Kloß.
Weich und rundlich und nicht groß.
Aus dem Kasten gewischt,
Aus dem Spinde gescharrt,
Bin mit Fettmilch gemischt
Und in Rüböl verbackt.
Stand am Fenster zum Kühlen,
Doch sie konnten mich nicht kriegen.
Der alte Mann bekam mich nicht,
Die alte Frau bekam mich nicht.
Der Hase bekam mich nicht,
Und du, Wolf, kriegst mich erst recht nicht.«

Und ehe der Wolf sich's versah, war der Kloß weitergerollt.
Nach einem Weilchen begegnete ihm ein Bär.
»Kloß, hörst du, Kloß, ich fresse dich«, brummte der Bär.
»Aber nein, Meister Petz, das wirst du nicht!

Bin ein Kloß, ein schöner Kloß.
Weich und rundlich und nicht groß.
Aus dem Kasten gewischt,
Aus dem Spinde gescharrt.
Bin mit Fettmilch gemischt
Und in Rüböl verbackt.
Stand am Fenster zum Kühlen,
Doch sie konnten mich nicht kriegen.
Der alte Mann bekam mich nicht,
Die alte Frau bekam mich nicht,
Der Hase bekam mich nicht,
Der Wolf bekam mich nicht,
Und du, Bär, kriegst mich erst recht nicht.«

Und wieder rollte der Kloß von dannen, ehe der Bär sich's versehen hatte. Während er so seines Weges rollte, sah er einen Fuchs.
»Kloß, hörst du, Kloß, wo rollst du denn hin?« fragte der Fuchs.
»Ich rolle in die weite Welt hinaus.«
»Kloß, ach Kloß, sing mir doch ein Liedchen vor.«
Und der Kloß sang:

»Bin ein Kloß, ein schöner Kloß,
Weich und rundlich und nicht groß.
Aus dem Kasten gewischt,
Aus dem Spinde gescharrt,
Bin mit Fettmilch gemischt
Und in Rüböl verbackt.
Stand am Fenster zum Kühlen,
Doch sie konnten mich nicht kriegen.
Der alte Mann bekam mich nicht,
Die alte Frau bekam mich nicht,
Der Hase bekam mich nicht,
Der Wolf bekam mich nicht,
Der Bär bekam mich nicht,
Und auch dir, Fuchs, entwisch' ich,
du kriegst mich nicht.«

Der Fuchs sprach: »Wie schön du singst! Leider höre ich nicht ganz gut. Setze dich doch auf meine Schnauze, Kloß, und sing das Lied noch einmal, bloß etwas lauter.«
Der Kloß sprang dem Fuchs behend auf die Schnauze und sang aus voller Kehle.
Doch der Fuchs sprach abermals: »Kloß, lieber Kloß, setze dich doch auf meine Zunge und sing dein Lied zum letztenmal.«
Der Kloß sprang dem Fuchs auf die Zunge, der machte »haps« und aß ihn auf.

SCHLAGFERTIGER ALS DIE KÖNIGSTOCHTER

In uralten Zeiten ist einmal eine Königstochter gewesen, die war so ungemein klug und schlagfertig, daß alle Weisen und Gelehrten im Reiche ihres Vaters, die sich mit ihr in einen Disput einließen, ihr das letzte Wort lassen mußten. Als sie nun in die Jahre kam, daß sie gern einen Mann gehabt hätte, meinte ihr Vater, ihr zukünftiger Gemahl müßte ihr an Mutterwitz und Mundwerk mindestens ebenbürtig sein. Darum ließ er in seinem ganzen Reich bekanntmachen, wer seine Tochter mit einer schlagfertigen Antwort zum Schweigen bringen könnte, der sollte sie zur Frau haben. Da kam eine ganze Menge junger Leute an den Hof, um den Versuch zu wagen; die meisten hatten eine sehr hohe Meinung von ihrem eigenen Verstande, aber einer nach dem anderen mußte mit Schimpf und Schande abziehen.

Nun wohnten in dem Lande auch drei Brüder beisammen, zwei davon hatten viel gelernt und wußten immer bei allen Gelegenheiten, was man zu sagen hat. Aber der jüngste, der Hans, war dumm. Die zwei klugen Brüder beschlossen nun, auch bei der Prinzessin ihr Glück zu versuchen. Da sagte der dumme Hans: »Dann geh ich auch mit.« Die Brüder lachten und sagten: »Was willst du da? Du machst ja doch alles verkehrt.«

»Das macht nichts«, sagte Hans, »ich gehe doch mit.«

Den andern Tag machten sich die drei auf den Weg, jeder zu Pferde, die beiden älteren voraus, Hans ein Stück hinterher. Sie waren noch nicht lange geritten, da sah Hans einen toten Vogel am Wege liegen. »Halt!«, rief er und sprang vom Pferde, »seht doch, was ich gefunden habe!« Da kehrten seine Brüder um. »Du Dummkopf«, sagten sie, als sie seinen Fund sahen, »was willst du damit?« Aber Hans sagte: »Ich stecke es in meine Tasche, es kann mir noch zupaß kommen.« Sie ritten weiter, Hans kam wieder ein Ende hinterher. Nach einer Weile sah er einen Zapfen auf der Straße liegen. »Halt!« rief er wieder und sprang vom Pferde und hob ihn auf, »guckt mal, was ich da hab!« Seine Brüder kamen wieder zurück, und als sie es sahen, was er hatte, wurden sie ärgerlich und sagten: »Was willst du damit, du Tölpel, was hältst du uns mit solchem Trödelkram auf!« Aber er antwortete: »Ich steck es in meine Tasche; wer weiß, wozu es noch gut ist!« Sie waren noch nicht viel weiter gekommen, da fand Hans ein Eimerband auf der Straße, und wieder rief er seine Brüder zurück. »Halt, seht doch einmal, was ich gefunden habe!« Jetzt schrien die ganz wütend: »Nun das wieder! Du Esel! Was willst du denn damit! Das nächste Mal kriegst du eine Tracht Schläge.« Aber Hans sagte wieder: »Ich steck es in meine Tasche, wer weiß, wozu ich's noch gebrauchen kann.« Nun ging es eine Weile gut; aber dann konnt er's doch nicht lassen und hob wieder was auf: »Halt! Aber was ich jetzt gefunden habe!« rief er. Zum vierten Male kehrten seine Brüder um, und als sie seinen Fund sahen, da war's ein Swinskoetel! Da fielen sie über ihn her und verprügelten ihn; er aber steckte das Ding doch in die Tasche und sagte: »Wer weiß, es kann mir wohl noch mal nützlich sein.«

Zu guter Letzt kamen sie doch an den Hof und meldeten sich im königlichen Schlosse an. Der älteste wurde zuerst bei der Prinzessin vorgelassen. Sie saß allein in ihrer Kammer, da brannte ein großes Feuer auf dem Herde, und sie wies ihm einen Stuhl dicht beim Feuer an. Da war es sehr warm. Die Prinzessin sprach kein Wort. Das brachte den Freier etwas in Verlegenheit. Als sie sich beide eine Weile stumm gegenübergesessen hatten, sagte er, um das Gespräch in Gang zu bringen: »Wie ist das hier warm!«

»Ja«, antwortete die Prinzessin, »aber in meinem Herzen ist es noch viel wärmer.«

Da sah er sie ganz dumm an und wußte nicht, was er darauf erwidern sollte, und sogleich winkte sie ihm, er sollte sich verziehen.

Der zweite Bruder hatte nicht mehr Glück, und nun kam die Reihe an Hans. Er nahm seine Tasche mit allem, was drin war, mit hinein. Er mußte auch bei dem mächtigen Feuer Platz nehmen und fing bald an zu schwitzen, da sagte er auch: »Wie ist das hier warm!«
»Das ist es«, sagte die Prinzessin, »aber doch nicht halb so warm wie in meinem Herzen.«
»So?« sagte Hans und holte den toten Vogel aus der Tasche, »dann kann ich wohl diesen toten Vogel drin braten?«
»Nein«, sagte sie, »dann liefe das Fett heraus.«
»Da hat's keine Not«, sagte Hans, »hier habe ich einen Zapfen, den kann ich hineinschlagen, sieh mal hier!«
»Oh«, erwiderte sie, »aber dann würde es bersten!«
»Nun, dann nehme ich das Eimerband hier und schlage es drum«, sagte Hans.
Da fiel der Prinzessin nichts Rechtes mehr ein, und sie rief wütend: »Du scheinst auch von allem Schweinsdreck was zu haben!«
»Richtig!« sagte Hans und holte den Swinskoetel aus der Tasche.
Da war die Prinzessin geschlagen und rief ganz außer sich: »Vater! Vater! Es ist verloren!«
»Nein!« sagte Hans, »gewonnen, worum die andern alle die vergebliche Reise gemacht haben.«
Jeder sah nun, daß dem dummen Hans die Hand der Königstochter gehörte und sie sich mit ihm vermählen mußte. Das geschah auch. Und als der alte König starb, erbte der dumme Hans das Reich und machte seine beiden Brüder zu seinen Ministern, und sie lebten noch lange glücklich miteinander.

DAS WASSER DES LEBENS

Es war einmal ein König, der war krank, und niemand glaubte, daß er mit dem Leben davonkäme. Er hatte aber drei Söhne, die waren darüber betrübt, gingen hinunter in den Schloßgarten und weinten. Da begegnete ihnen ein alter Mann, der fragte sie nach ihrem Kummer. Sie sagten ihm, ihr Vater wäre so krank, daß er wohl sterben würde, denn es wollte ihm nichts helfen. Da sprach der Alte: »Ich weiß noch ein Mittel, das ist das Wasser des Lebens, wenn er davon trinkt, so wird er wieder gesund; es ist aber schwer zu finden.« Der älteste sagte: »Ich will es schon finden«, ging zum kranken König und bat ihn, er möchte ihm erlauben auszuziehen, um das Wasser des Lebens zu suchen, denn das könnte ihn allein heilen. »Nein«, sprach der König, »die Gefahr dabei ist zu groß, lieber will ich sterben.« Er bat aber so lange, bis der König einwilligte. Der Prinz dachte in seinem Herzen: Bringe ich das Wasser, so bin ich meinem Vater der liebste und erbe das Reich.

Also machte er sich auf, und als er eine Zeitlang fortgeritten war, stand da ein Zwerg auf dem Wege, der rief ihn an und sprach: »Wo hinaus so geschwind?«

»Dummer Knirps«, sagte der Prinz ganz stolz, »das brauchst du nicht zu wissen«, und ritt weiter. Das kleine Männchen aber war zornig geworden und hatte einen bösen Wunsch getan. Der Prinz geriet bald hernach in eine Bergschlucht, und je weiter er ritt, je enger taten sich die Berge zusammen, und endlich ward der Weg so eng, daß er keinen Schritt weiter konnte; es war nicht möglich das Pferd zu wenden oder aus dem Sattel zu steigen, und er saß da wie eingesperrt. Der kranke König wartete lange Zeit auf ihn, aber er kam nicht. Da sagte der zweite Sohn: »Vater, laß mich ausziehen und das Wasser suchen«, und dachte bei sich: Ist mein Bruder tot, so fällt das Reich mir zu. Der König wollte ihn anfangs auch nicht ziehen lassen, endlich gab er nach. Der Prinz zog also auf demselben Weg fort, den sein Bruder eingeschlagen hatte und begegnete auch dem Zwerg, der ihn anhielt und fragte, wohin er so eilig wollte. »Kleiner Knirps«, sagte der Prinz, »das brauchst du nicht zu wissen«, und ritt fort, ohne sich weiter umzusehen. Aber der Zwerg verwünschte ihn, und er geriet wie der andere in eine Bergschlucht und konnte nicht vorwärts und rückwärts. So geht's aber den Hochmütigen.

Als auch der zweite Sohn ausblieb, so erbot sich der jüngste auszuziehen und das Wasser zu holen, und der König mußte ihn endlich ziehen lassen. Als er dem Zwerg begegnete, und dieser fragte, wohin er so eilig wollte, so hielt er an, gab ihm Rede und Antwort und sagte: »Ich suche das Wasser des Lebens, denn mein Vater ist sterbenskrank.«

»Weißt du auch, wo das zu finden ist?«

»Nein«, sagte der Prinz.

»Weil du dich betragen hast, wie sich's geziemt, nicht übermütig wie deine falschen Brüder, so will ich dir Auskunft geben und dir sagen, wie du zu dem Wasser des Lebens gelangst. Es quillt aus einem Brunnen in dem Hof eines verwünschten Schlosses, aber du dringst nicht hinein, wenn ich dir nicht eine eiserne Rute gebe und zwei Laiberchen Brot. Mit der Rute schlag dreimal an das eiserne Tor des Schlosses, so wird es aufspringen; inwendig liegen zwei Löwen, die den Rachen aufsperren, wenn du aber jedem ein Brot hineinwirfst, so werden sie still, und dann eile dich und hol von dem Wasser des Lebens, bevor es zwölf schlägt, sonst schlägt das Tor wieder zu und du bist eingesperrt.«

Der Prinz dankte ihm, nahm die Rute und das Brot und machte sich auf den Weg. Und als er anlangte, war alles so, wie der Zwerg gesagt hatte. Das Tor sprang beim dritten Rutenschlag auf, und als er die Löwen mit dem Brot besänftigt hatte, trat er in das Schloß und kam in einen großen, schönen Saal; darin saßen verwünschte Prinzen, de-

nen zog er die Ringe vom Finger, dann lag da ein Schwert und ein Brot, das nahm er weg. Und weiter kam er in ein Zimmer, darin stand eine schöne Jungfrau, die freute sich, als sie ihn sah, küßte ihn und sagte, er hätte sie erlöst und sollte ihr ganzes Reich haben, und wenn er in einem Jahre wiederkäme, so sollte ihre Hochzeit gefeiert werden. Dann sagte sie ihm auch, wo der Brunnen wäre mit dem Lebenswasser, er müßte sich aber eilen und daraus schöpfen, eh es zwölf schlüge. Da ging er weiter und kam endlich in ein Zimmer, wo ein schönes, frischgedecktes Bett stand, und weil er müde war, wollt' er erst ein wenig ausruhen. Also legte er sich und schlief ein; als er erwachte, schlug es dreiviertel auf Zwölf. Da sprang er ganz erschrocken auf, lief zu dem Brunnen und schöpfte daraus mit einem Becher, der daneben stand, und eilte, daß er fortkam. Wie er eben zum eisernen Tor hinausging, da schlug's zwölf, und das Tor schlug so heftig zu, daß es ihm noch ein Stück von der Ferse wegnahm.
Er aber war froh, daß er das Wasser des Lebens erlangt hatte, ging heimwärts und kam wieder an dem Zwerg vorbei. Als dieser das Schwert und das Brot sah, sprach er: »Damit hast du großes Gut gewonnen, mit dem Schwert kannst du ganze Heere schlagen, das Brot aber wird niemals all.«
Der Prinz wollte ohne seine Brüder nicht zu dem Vater nach Haus kommen und sprach: »Lieber Zwerg, kannst du mir nicht sagen, wo meine zwei Brüder sind? Sie sind früher als ich nach dem Wasser des Lebens ausgezogen und sind nicht wiedergekommen.«
»Zwischen zwei Bergen stecken sie eingeschlossen«, sprach der Zwerg, »dahin habe ich sie verwünscht, weil sie so übermütig waren.« Da bat der Prinz so lange, bis der Zwerg sie wieder losließ, aber er warnte ihn und sprach: »Hüte dich vor ihnen, sie haben ein böses Herz.«
Als seine Brüder kamen, freute er sich und erzählte ihnen, wie es ihm ergangen wäre, daß er das Wasser des Lebens gefunden und einen Becher voll mitgenommen und eine schöne Prinzessin erlöst

hätte, die wollte ein Jahr lang auf ihn warten, dann sollte Hochzeit gehalten werden, und er bekäme ein großes Reich. Danach ritten sie zusammen fort und gerieten in ein Land, wo Hunger und Krieg war, und der König glaubte schon, er müßte verderben, so groß war die Not. Da ging der Prinz zu ihm und gab ihm das Brot, womit er sein ganzes Reich speiste und sättigte; und dann gab ihm der Prinz auch das Schwert, damit schlug er die Heere seiner Feinde und konnte nun in Ruhe und Frieden leben. Da nahm der Prinz sein Brot und Schwert wieder zurück, und die drei Brüder ritten weiter. Sie kamen aber noch in zwei Länder, wo Hunger und Krieg herrschten, und da gab der Prinz den Königen jedesmal sein Brot und Schwert, und hatte nun drei Reiche gerettet. Und danach setzten sie sich auf ein Schiff und fuhren übers Meer. Während der Fahrt, da sprachen die beiden ältesten unter sich: »Der jüngste hat das Wasser des Lebens gefunden und wir nicht, dafür wird ihm unser Vater das Reich geben, das uns gebührt, und er wird unser Glück wegnehmen.« Da wurden sie rachsüchtig und verabredeten miteinander, daß sie ihn verderben wollten. Sie warteten, bis er einmal fest eingeschlafen war, da gossen sie das Wasser des Lebens aus dem Becher und nahmen es für sich, ihm aber gossen sie bitteres Meerwasser hinein.

Als sie nun daheim ankamen, brachte der jüngste dem kranken König seinen Becher, damit er daraus trinken und gesund werden sollte. Kaum aber hatte er ein wenig von dem bitteren Meerwasser getrunken, so ward er noch kränker als zuvor. Und wie er darüber jammerte, kamen die beiden ältesten Söhne und klagten den jüngsten an, er hätte ihn vergiften wollen, sie brächten ihm das rechte Wasser des Lebens, und reichten es ihm. Kaum hatte er davon getrunken, so fühlte er seine Krankheit verschwinden und war stark und gesund wie in seinen jungen Tagen. Danach gingen die beiden zu dem jüngsten, verspotteten ihn und sagten: »Du hast zwar das Wasser des Lebens gefunden, aber du hast die Mühe gehabt und wir den Lohn; du hättest klüger sein und die Augen aufbehalten sollen, wir haben dir's genommen, während du auf dem Meere eingeschlafen warst, und übers Jahr, da holt sich einer von uns die schöne Königstochter. Aber hüte dich, daß du nichts davon verrätst, der Vater glaubt dir doch nicht, und wenn du ein einziges Wort sagst, so sollst du noch obendrein dein Leben verlieren, schweigst du aber, so soll dir's geschenkt sein.«

Der alte König war zornig über seinen jüngsten Sohn und glaubte, er hätte ihm nach dem Leben getrachtet. Also ließ er den Hof versammeln und das Urteil über ihn sprechen, daß er heimlich erschossen werden sollte. Als der Prinz nun einmal auf die Jagd ritt und nichts Böses vermutete, mußte des Königs Jäger mitgehen. Draußen, als sie ganz allein im Wald waren und der Jäger so traurig aussah, sagte der Prinz zu ihm: »Lieber Jäger, was fehlt dir?«

Der Jäger sprach: »Ich kann's nicht sagen und soll es doch.«

Da sprach der Prinz: »Sage heraus, was es ist, ich will dir's verzeihen.«

»Ach«, sagte der Jäger, »ich soll Euch totschießen, der König hat mir's befohlen.«

Da erschrak der Prinz und sprach: »Lieber Jäger, laß mich leben, da geb ich dir mein königlich Kleid, gib mir dafür dein schlechtes.«

Der Jäger sagte: »Das will ich gerne tun, ich hätte doch nicht nach Euch schießen können.«

Da tauschten sie die Kleider, und der Jäger ging heim, der Prinz aber ging weiter in den Wald hinein.

Über eine Zeit, da kamen zu dem alten König drei Wagen mit Gold und Edelsteinen für seinen jüngsten Sohn; sie waren aber von den drei Königen geschickt, die mit des Prinzen Schwert die Feinde geschlagen und mit seinem Brot ihr Land ernährt hatten und die sich dankbar bezeigen wollten. Da dachte der alte König: Sollte mein Sohn unschuldig gewesen sein? und sprach zu seinen Leuten: »Wäre er noch am Leben, wie tut mir's leid, daß ich ihn habe töten lassen.«

»Er lebt noch«, sprach der Jäger, »ich konnte es nicht übers Herz bringen, Euren Befehl auszuführen«, und sagte dem König, wie es zugegangen war. Da fiel dem König ein Stein von dem Herzen, und er ließ in allen Reichen verkünden, sein Sohn dürfte wiederkommen und sollte in Gnaden aufgenommen werden.

Die Königstochter aber ließ eine Straße vor ihrem Schloß machen, die war ganz golden und glänzend, und sagte ihren Leuten, wer darauf geradewegs zu ihr geritten käme, das wäre der rechte, und den sollten sie einlassen, wer aber daneben käme, der wäre der rechte nicht, und den sollten sie auch nicht einlassen. Als nun die Zeit bald herum war, dachte der älteste, er wollte sich eilen, zur Königstochter gehen und sich für ihren Erlöser ausgeben, da bekäme er sie zur Gemahlin und das Reich daneben. Also ritt er fort, und als er vor das Schloß kam und die schöne goldene Straße sah, dachte er: Das wäre jammerschade, wenn du darauf rittest, lenkte ab und ritt rechts nebenher. Wie er aber vor das Tor kam, sagten die Leute zu ihm, er wäre der Rechte nicht, er sollte wieder fortgehen.

Bald darauf machte sich der zweite Prinz auf, und wie der zur goldenen Straße kam, und das Pferd den einen Fuß darauf gesetzt hatte, dachte er, es wäre jammerschade, das könnte etwas abtreten, lenkte ab und ritt links nebenher. Wie er aber vor das Tor kam, sagten die Leute, er wäre der Rechte nicht, er sollte wieder fortgehen.

Als nun das Jahr ganz herum war, wollte der dritte aus dem Wald fort zu seiner Liebsten reiten und bei ihr sein Leid vergessen. Also machte er sich auf und dachte immer an sie und wäre gern schon bei ihr gewesen und sah die goldene Straße gar nicht. Da ritt sein Pferd mitten darüber hin, und als er vor das Tor kam, ward es aufgetan, und die Königstochter empfing ihn mit Freuden und sagte, er wäre ihr Erlöser und der Herr des Königreiches, und ward die Hochzeit gehalten mit großer Glückseligkeit. Und als sie vorbei war, erzählte sie ihm, daß sein Vater ihn zu sich entboten und ihm verziehen hätte. Da ritt er hin und sagte ihm alles, wie seine Brüder ihn betrogen und er doch dazu geschwiegen hätte. Der alte König wollte sie strafen, aber sie hatten sich aufs Meer gesetzt und waren fortgeschifft und kamen ihr Lebtag nicht wieder.

DIE DREI DRACHEN

Es war einmal ein großer und mächtiger König, der besaß viele Reiche und Länder. Er hatte auch einen Sohn, und der sollte einst alles erben. Als der Sohn erwachsen war, schickte der Vater ihn hinaus in die Welt, damit er eine Braut fände. Doch er kam wieder zurück und erzählte, wie er durch viele Länder gereist sei, aber eine passende Braut habe er nicht gefunden.
Da reiste der König zu einem weit bekannten weisen Manne in seinem Land und fragte ihn, ob er eine Auskunft geben könnte, von wo seine Schwiegertochter kommen sollte.
»Das steht nicht in meinen Kräften zu wissen«, sprach der Weise, »aber an einem Orte weit entfernt wohnt ein Sternseher, der kann wahrscheinlich Auskunft geben.«
Der König reiste nun zu diesem Manne. Der wohnte in einem Turm auf einem hohen Berge.
»Der Stern, unter dem der Prinz geboren wurde, ist von der Himmelsseite verschwunden, die mein Sternrohr erreicht«, sagte er, »aber du mußt zu meinem Bruder reisen; der ist älter als ich und wohnt in zwei Türmen, hundert Meilen von hier, auf einem hohen Berge.«
Der König zog seines Weges zu jenem Manne.
»Der Stern, unter dem der Prinz geboren wurde, ist von der Himmelsseite verschwunden, die mein Sternrohr umfaßt«, sagte er, »aber du mußt zu meinem Bruder reisen; der ist älter als ich und wohnt in drei Türmen, zweihundert Meilen von hier, auf einem hohen Berge. Sein Sternrohr erreicht den ganzen Sternenhimmel, und er ist der größte Sternseher in der ganzen Welt.«
Der König zog seines Weges zu jenem Manne.

»Wohl gibt es eine Prinzessin, die deines Sohnes wert ist«, sagte der Sternseher, »aber es ist nicht einfach, sie zu bekommen. Sie wohnt auf einem Berge auf einer öden Insel weit draußen im Meer bei drei Drachen. Es ist kein Kinderspiel, diese Drachen zu überwinden.«
Der König belohnte den Sternseher reich mit Silber und Gold und machte sich auf den Heimweg. Aber er war mutlos. »Ich bin doch wohl zu alt, auf eine solche Fahrt zu ziehen«, sagte er zu seinem Sohn.
»Ich will's allein versuchen«, antwortete der Sohn. Da gab ihm der Vater ein prächtiges Roß und ein gutes Schwert mit auf die Fahrt.
Als er ein langes Stück geritten war, begegnete ihm eine alte Frau; die fragte ihn, wo er hin wolle, und das erzählte der Prinz.
»O du Armer«! rief die Frau, »du hast keine Waffe, um mit den Drachen zu streiten. Doch ich will dir helfen, wenn du mir einen Dienst leisten möchtest.«
»Das will ich gerne«, sagte der Prinz.
»Dann hör mal zu: ich hatte eine Tochter, die war die schönste Prinzessin weit und breit. Als sie erwachsen war, kam einmal ein Drache und raubte sie mir, und seither bin ich rund um die Welt gewandert, um sie zu suchen. Nun will ich dich bitten, ob du sie auf deiner gefahrvollen Reise suchen willst. Und hier sollst du ein Kästchen mit Salbe erhalten, und die wird dir Stärke und Mut erhöhen.«
Der Prinz dankte und versprach, ihr diesen Dienst zu erweisen. Und damit schieden sie.
Nun ritt der Prinz dahin, weit und lange. Da begegnete ihm ein alter, gebrechlicher Mann.
»Was fehlt dir denn?« fragte der Prinz.
»Nun bin ich siebenmal rund um die Welt gereist und habe nach einem Schatz gesucht, den mir ein Drache fortgenommen hat; aber mein Suchen war vergebens. Doch wo willst du hin?«
Der Prinz erzählte ihm das.
»Da gehst du harter Mühe entgegen«, sprach der Mann, »aber wenn du versuchen willst, etwas von meinem Schatz zu erfahren, will ich

dir einige Samen geben. Die Wurzeln dieser Gewächse zersprengen den härtesten Fels.«

Nun ritt der Prinz viele, viele Tage, und endlich kam er an ein Meer. Rundum war es öde und leblos, und weit draußen gewahrte er die Insel, auf der seine Braut saß. Er ritt am Strande hin und her und überlegte immer, wie er zur Insel hinüber käme. Da kamen drei große Raben geflogen, und auf jedem Raben stand ein Mann mit einem Schwert. Der Prinz winkte, und da ließen sich die Vögel am Strande nieder.

»Was willst du?« fragten die Männer, »wir sind Strandwächter hier und leisten Hilfe denen, die es nötig haben.«

»Ich möchte auf die Insel dort hinüberkommen und meine Braut von den Drachen retten.«

»Diese Drachen kennen wir gut«, sagten die Männer, »die kommen ab und zu an den Strand und treiben Raub und Mord. Wir haben manch harten Streit mit ihnen gehabt, zumeist ging's um Tod und Leben. Laß uns dein Schwert erproben.«

Da hieb der eine mit dem Schwert des Prinzen gegen einen Stein, und da ging die Klinge in Stücke. Dann nahm er sein eigenes Schwert und spaltete damit den Stein. Nun war der Prinz sehr bekümmert.

»Ich will dir mein Schwert leihen«, sagte der eine.

»Ich will dir meinen Raben leihen«, sagte der andere.

»Und darf ich dein Roß leihen, so will ich dich begleiten«, sprach der dritte der Männer.

Als sie zur Mitte des Meeres gelangt waren, sanken die Raben mehr und mehr zum Wasser hinab.

»Wozu soll das sein?« fragte der Prinz.

»Die Vögel sind müde«, erklärte sein Begleiter.

Da bestrich der Prinz sie mit seiner Salbe, und die Raben wurden davon so erquickt, daß sie vom Wasser hoch aufflogen, und im Handumdrehen waren sie auf der Insel.

Rund um einen hohen Felsen schwebte ein Drache. Der hatte drei

Köpfe, und Funken sprühten ihm aus den Nasen. Nun näherte er sich, um die Ankömmlinge zu fassen.
Da schwang der Prinz sein Schwert und hieb dem Drachen zwei Köpfe ab, sein Genosse den dritten.
Nun stiegen sie auf den Berg hinauf, und dort in einer Höhle fanden sie die Prinzessin. Sie war rot wie Blut und weiß wie Schnee, und niemals hatte der Prinz etwas so Schönes gesehen. Er erzählte ihr, wie er den dreiköpfigen Drachen getötet hatte, und darüber ward die Prinzessin froh.
»Aber jetzt müßt ihr fort«, sagte sie, »denn die zwei anderen Drachen kommen gleich wieder.«
»Nein, jetzt gehe ich nicht von hier fort, und sollte ich mit zehn Drachen kämpfen«, rief der Prinz, und dann erzählte er, es stünde in den Sternen geschrieben, daß sie seine Braut werden solle, und vom alten Mann und der alten Frau, und so verging der Tag.
Da endlich besann sich die Prinzessin und sagte: »Willst du mich erretten, so mußt du erst den toten Drachen fortschaffen, und werdet ihr müde, dann trinkt nur aus dieser Flasche hier.«
Sie gingen nun den Berg hinab und warfen den toten Drachen ins Meer. Dann stiegen sie wieder zur Höhle empor. Da hörten sie ein starkes Sausen in der Luft und bekamen einen gewaltigen Drachen zu Gesicht. Er hatte sechs Köpfe, und Rauch und Funken sprühten aus seinen Rachen. Die Burschen standen hinter der Tür bereit, und sobald er kam, gingen sie auf ihn los und jeder nahm ihm drei Köpfe. Dann tranken sie aus der Flasche und erquickten sich. Dann schafften sie das Drachengebein fort.
Nun wollten sie zur Prinzessin hinein, sich ausruhen und mit ihr sprechen, aber da kam der dritte Drache. Der war nicht lustig anzusehen mit seinen neun Köpfen, feuerroten Augen und Schwefel und Feuer, die von seinem Körper tropften, und Funken und Rauch, die ihm aus den Mäulern drangen.
»Versteckt euch unterm Bett«, sagte die Prinzessin, und zugleich kam der Drache zur Tür hereingepoltert.

»Uäh, uäh, hier riecht's nach Christenvolk!« rief der Drache.
»Oh, nur ein Rabe hat ein Menschenbein fallenlassen«, sagte die Prinzessin.
»Komm mit dem Essen!« rief er, »mir kribbelt's in der Freßzange und schreit's in den Därmen!«
Nun setzten sie sich zu Tisch.
»Diese Nacht hatte ich einen schrecklichen Traum«, sagte die Prinzessin.
»Was träumtest du?« fragte der Drache.
»Ich träumte, es kam eine alte Frau und fragte, ob ich wüßte, wo ihre Tochter geblieben sei. Aber ich konnte ihr keine Auskunft geben.«
»Das war dein Glück«, sagte der Drache, »denn hättest du gesagt, daß du es selber bist, dann wären deine Tage gezählt gewesen.«
»Und dann träumte ich, es kam ein alter Mann und fragte, ob ich ihm erzählen könnte, wo sein Schatz sei. Er war viele Male um die Welt gereist und hatte sich durch viele Berge einen Weg gesprengt, aber alles war umsonst. Und ich konnte ihm doch nicht helfen, dem Armen.«
»Das war dein Glück«, sagte der Drache, »denn hättest du ihm gesagt, daß ich ihm seinen Schatz geraubt habe, dann wären deine Tage gezählt gewesen.«
Nachdem sie gegessen hatten, ging der Drache in eine Höhle im Berge und sah nach seinen Schätzen. Da rief die Prinzessin nach den beiden Burschen, und die stellten sich neben die Tür, einer an jede Seite. Sie tranken aus der Flasche, und dann warteten sie auf den Drachen. Ja, da kam er, und nun erhob sich ein Kampf. Das fauchte und rauchte und sprühte und flammte, es knallte und krachte, und ein Drachenhaupt nach dem anderen flog auf den Boden. Das neunte fuhr unters Bett, und gerade da zersprangen auch beide Schwerter.
»Jetzt müssen wir den Schatz finden«, sagte der Prinz. Aber die Tür zur Höhle war aus Eisen und der Schlüssel nicht zu finden. Da fielen dem Prinzen die Samen ein. Er warf eine Handvoll gegen das Ge-

stein, und gleich wuchsen große Bäume hervor mit mächtigen Wurzeln, die zersprengten den Stein in kleine Stücke. Nun fanden sie viel Silber und Gold und glitzernde Edelsteine und ebenso den Schatz des alten Mannes.

Da blies der Strandwächter auf seiner Pfeife, und die beiden Raben kamen herbeigeflogen. Der Prinz und die Prinzessin setzten sich auf den einen, und der Wächter mit der ganzen Beute auf den anderen. Sie bestrichen die Vögel mit der Salbe, und eins-zwei-drei waren sie auf dem Strande gelandet. Der Prinz fragte nun die Wächter, was er ihnen für ihre Hilfe schulde, aber keiner verlangte etwas.

»Dann bitte ich euch, daß ihr meine Ratgeber werdet«, sagte er, und dieses Angebot nahmen sie an.

Nun rüsteten sie sich zur Heimfahrt. Die Wächter ritten jeder auf einem Pferde mit allen Schätzen, und der Prinz saß mit der Prinzessin zusammen auf seinem.

Nach einer Weile begegneten sie dem alten Manne, und er bekam jetzt seine Schätze wieder, und ein Stück weiter begegneten sie auch der alten Frau. Die Prinzessin erkannte ihre Mutter wieder, und da war große Freude. Danach folgten alle mit zum Königshof.

Dann bereiteten sie die Hochzeit vor, brauten hundert Fässer Bier und fünfzig Fässer Met. Sie brieten und backten viele Tage lang, und haben sie nicht ausgejubelt, so sind sie noch dabei.

TARTARI-BARBARI
oder
WER LÜGT AM BESTEN

Poch, poch!« – »Wer ist draußen?« – »Ich, mein Herr!« – »Und wo kommst du her, mein Freund?« – »Mein Herr, ich komme von Tartari-Barbari, hundert Meilen jenseits von Paris!« – »Und was hast du auf dem Wege gesehen, mein Freund?« – »Ach, mein Herr, was ich gesehen habe? Ich habe eine Mühle auf dem Wipfel einer Ulme gesehen, welche Mehl mahlte.« – »Oh, das ist nicht wahr! Werft mir doch diesen Lügner ins Gefängnis!«

»Trara!« – »Wer kommt da?« – »Ich, mein Herr!« – »Und wo kommst du her, mein Freund?« – »Mein Herr, ich komme von Tartari-Barbari, hundert Meilen jenseits von Paris!« – »Und was hast du auf dem Wege gesehen, mein Freund?« – »Ach, mein Herr, was ich gesehen habe? Ich habe einen großen schwarzen Hund gesehen, der vom Wipfel einer Ulme herunterstieg, den Schwanz ganz mit Mehl bestäubt!« – »Ach, liebe Freunde, sicher hat der Hund das Mehl aus jener Mühle gefressen! Laßt mir doch den Armen aus dem Gefängnis heraus!«

»Trara!« – »Wer kommt da?« – »Ich, mein Herr!« – »Und wo kommst du her, mein Freund?« – »Mein Herr, ich komme von Tartari-Barbari, hundert Meilen jenseits von Paris!« – »Und was hast du auf dem Wege gesehen, mein Freund?« – »Ach, mein Herr, was ich gesehen habe? Als ich durch Paris kam, habe ich einen Vogel gesehen, der mit seinen Flügeln ganz Paris bedeckte!« – »Bah! Das kann nicht wahr sein, werft mir diesen Lügner ins Gefängnis!«

»Trara!« – »Wer kommt da?« – »Ich mein Herr!« – »Und wo

kommst du her, mein Freund?« – »Mein Herr, ich komme von Tartari-Barbari, hundert Meilen jenseits von Paris.« – »Und was hast du auf dem Wege gesehen, mein Freund?« – »Ach, mein Herr, was ich gesehen habe? Ich habe eine Menge Leute gesehen, tausend und abertausend, welche mit eisernen Stangen ein Ei durch die Straßen von Paris rollten.« – »Ach, gewiß hat jener Vogel ein so großes Ei gelegt! Laßt mir doch den Armen aus dem Gefängnis heraus!«
»Trara!« – »Wer kommt da?« – »Ich, mein Herr!« – »Und wo kommst du her, mein Freund?« – »Mein Herr, ich komme von Tartari-Barbari, hundert Meilen jenseits von Paris!« – »Und was hast du auf dem Wege gesehen, mein Freund?« – »Ach, mein Herr, was ich gesehen habe? Ich sah die Teiche und die Flüsse brennen wie Stroh!« – »Bah, Ihr seht doch ein, daß das nicht wahr sein kann! Werft mir diesen Lügner ins Gefängnis!«
»Trara!« – »Wer kommt da?« – »Ich, mein Herr!« – »Und wo kommst du her, mein Freund?« – »Mein Herr, ich komme von Tartari-Barbari, hundert Meilen jenseits von Paris.« – »Und was hast du auf dem Wege gesehen, mein Freund?« – »Ach, mein Herr, was ich gesehen habe? Ich habe etwas Seltsames gesehen! Auf der Heide und in den Wiesen, überall habe ich Karpfen und Hechte gesehen, die mit versengtem Schwanze flüchteten.« – »Ach, sie kamen gewiß aus jenen Flüssen! Mein Gott, laßt mir doch diesen Armen aus dem Gefängnis heraus!«
»Trara!« – »Wer kommt da?« – »Ich, mein Herr!« – »Und wo kommst du her, mein Freund?« – »Mein Herr, ich komme von Tartari-Barbari, hundert Meilen jenseits von Paris.« – »Und was hast du auf dem Wege gesehen, mein Freund?« – »Ach, mein Herr, was ich gesehen habe? Die Gruben, die Gräben, die Becken, alles habe ich voll Brei gesehen!« – »Bah! Das kann nicht wahr sein! Werft mir diesen Lügner ins Gefängnis!«
»Trara!« – »Wer kommt da?« – »Ich, mein Herr!« – »Und wo kommst du her, mein Freund?« – »Mein Herr, ich komme von Tartari-Barbari, hundert Meilen jenseits von Paris.« – »Und was hast du

auf dem Wege gesehen, mein Freund?« – »Ach, mein Herr, überall, wo ich vorüberging, habe ich Haufen von Löffeln gesehen, überall, überall!« – »Ach, die Löffel sollten gewiß dazu dienen, jenen Brei zu essen! Laßt mir doch den Armen aus dem Gefängnis heraus!«
Kakerlaka, mein Geschichtchen ist aus.

DOKTOR ALLWISSEND

Es war einmal ein armer Bauer namens Krebs, der fuhr mit zwei Ochsen ein Fuder Holz in die Stadt und verkaufte es für zwei Taler an einen Doktor. Wie ihm nun das Geld ausbezahlt wurde, saß der Doktor gerade zu Tisch; da sah der Bauer, wie er schön aß und trank, und das Herz ging ihm danach auf und er wäre auch gerne ein Doktor gewesen. Also blieb er noch ein Weilchen stehen und fragte endlich, ob er nicht auch könnte ein Doktor werden.

»O ja«, sagte der Doktor, »das ist bald geschehen.«

»Was muß ich tun?« fragte der Bauer.

»Erstlich kauf dir ein Abc-Buch, so ist eins, wo vorn ein Göckelhahn drin ist; zweitens mache deinen Wagen und deine zwei Ochsen zu Geld und schaff dir damit Kleider an, und was sonst zur Doktorei gehört; drittens laß dir ein Schild malen mit den Worten: ›Ich bin der Doktor Allwissend‹, und laß das oben über deine Haustür nageln.«

Der Bauer tat alles, wie's ihm geheißen war. Als er nun ein wenig gedoktert hatte, aber noch nicht viel, ward einem reichen großen Herrn Geld gestohlen. Da ward ihm von dem Doktor Allwissend gesagt, der in dem und dem Dorfe wohnte und auch wissen müßte, wo das Geld hingekommen wäre. Also ließ der Herr seinen Wagen anspannen, fuhr hinaus ins Dorf und fragte bei ihm, ob er der Doktor Allwissend wäre?

»Ja, der wär er.«

»So sollte er mitgehen und das gestohlene Geld wiederschaffen.«

»O ja, aber die Grete, seine Frau, müßte auch mit.«

Der Herr war das zufrieden und ließ sie beide in den Wagen sitzen, und sie fuhren zusammen fort. Als sie auf den adligen Hof kamen, war der Tisch gedeckt, da sollte er erst mitessen.

»Ja, aber seine Frau, die Grete, auch«, sagte er und setzte sich mit ihr hinter den Tisch. Wie nun der erste Bediente mit einer Schüssel schönem Essen kam, stieß der Bauer seine Frau an und sagte: »Grete, das war der erste«, und meinte, es wäre derjenige, welcher das erste Essen brächte. Der Bediente aber meinte, er hätte damit sagen wollen: »das ist der erste Dieb«, und weil er's nun wirklich war, ward ihm angst, und er sagte draußen zu seinen Kameraden: »Der Doktor weiß alles, wir kommen übel an; er hat gesagt, ich wäre der erste.«

Der zweite wollte gar nicht herein, er mußte aber doch. Wie er nun mit seiner Schüssel hereinkam, stieß der Bauer seine Frau an: »Grete, das ist der zweite.« Dem Bedienten ward ebenfalls angst, und er machte, daß er hinauskam. Dem dritten ging's nicht besser, der Bauer sagte wieder: »Grete, das ist der dritte.« Der vierte mußte eine verdeckte Schüssel hereintragen, und der Herr sprach zum Doktor, er sollte seine Kunst zeigen und raten, was darunter läge; es waren aber Krebse. Der Bauer sah die Schüssel an, wußte nicht, wie er sich helfen sollte und sprach: »Ach, ich armer Krebs!« Wie der Herr das hörte, rief er: »Da, er weiß es, nun weiß er auch, wer das Geld hat.«

Dem Bedienten aber ward gewaltig angst und er blinzelte den Doktor an, er möchte einmal herauskommen. Wie er nun hinauskam, gestanden sie ihm alle viere, sie hätten das Geld gestohlen; sie wollten's ja gerne herausgeben und ihm eine schwere Summe dazu, wenn er sie nicht verraten wollte; es ging ihnen sonst an den Hals.

Sie führten ihn auch hin, wo das Geld versteckt lag. Damit war der Doktor zufrieden, ging wieder hinein, setzte sich an den Tisch und sprach: »Herr, nun will ich in meinem Buch suchen, wo das Geld steckt.« Der fünfte Bediente aber kroch in den Ofen und wollte hören, ob der Doktor noch mehr wüßte. Der saß aber und schlug sein Abc-Buch auf, blätterte hin und her und suchte den Göckelhahn. Weil er ihn nicht gleich finden konnte, sprach er: »Du bist doch darin und mußt auch heraus.« Da glaubte der im Ofen, er wäre gemeint, sprang voller Schrecken heraus und rief: »Der Mann weiß alles.« Nun zeigte der Doktor Allwissend dem Herrn, wo das Geld lag, sagte aber nicht, wer's gestohlen hatte, bekam von beiden Seiten viel Geld zur Belohnung und ward ein berühmter Mann.

DER TROMMLER

Eines Abends ging ein junger Trommler ganz allein auf dem Feld und kam an einen See, da sah er an dem Ufer drei Stückchen weiße Leinewand liegen. »Was für feines Leinen«, sprach er und steckte eins davon in die Tasche. Er ging heim, dachte aber nicht weiter an seinen Fund und legte sich zu Bett. Als er eben einschlafen wollte, war es ihm, als nenne jemand seinen Namen. Er horchte und vernahm eine leise Stimme, die ihm zurief: »Trommeler, Trommeler, wach auf.« Er konnte, da es finstere Nacht war, niemand sehen, aber es kam ihm vor, als schwebte eine Gestalt vor seinem Bett auf und ab. »Was willst du?« fragte er.
»Gib mir mein Hemdchen zurück«, antwortete die Stimme, »das du mir gestern abend am See weggenommen hast.«
»Du sollst es wiederhaben«, sprach der Trommler, »wenn du mir sagst, wer du bist.«

»Ach«, erwiderte die Stimme, »ich bin die Tochter eines mächtigen Königs, aber ich bin in die Gewalt einer Hexe geraten und bin auf den Glasberg gebannt. Jeden Tag muß ich mit meinen zwei Schwestern im See baden, aber ohne mein Hemdchen kann ich nicht wieder fortfliegen. Meine Schwestern haben sich fortgemacht, ich aber habe zurückbleiben müssen. Ich bitte dich, gib mir mein Hemdchen wieder.«

»Sei ruhig, armes Kind«, sprach der Trommler, »ich will dir's gerne zurückgeben.« Er holte es aus seiner Tasche und reichte es ihr in der Dunkelheit hin. Sie erfaßte es hastig und wollte damit fort. »Weile einen Augenblick«, sagte er, »vielleicht kann ich dir helfen.«

»Helfen kannst du mir nur, wenn du auf den Glasberg steigst und mich aus der Gewalt der Hexe befreist. Aber zu dem Glasberg kommst du nicht, und wenn du auch ganz nahe daran wärst, so kommst du nicht hinauf.«

»Was ich will, das kann ich«, sagte der Trommler, »ich habe Mitleid mit dir und ich fürchte mich vor nichts. Aber ich weiß den Weg nicht, der nach dem Glasberge führt.«

»Der Weg geht durch den großen Wald, in dem die Menschenfresser hausen«, antwortete sie, »mehr darf ich dir nicht sagen.« Darauf hörte er, wie sie fortschwirrte.

Bei Anbruch des Tages machte sich der Trommler auf, hing seine Trommel um und ging ohne Furcht geradezu in den Wald hinein. Als er ein Weilchen gegangen war und keinen Riesen erblickte, so dachte er, ich muß die Langschläfer aufwecken, hing die Trommel vor und schlug einen Wirbel, daß die Vögel aus den Bäumen mit Geschrei aufflogen. Nicht lange, so erhob sich auch ein Riese in die Höhe, der im Gras gelegen und geschlafen hatte, und war so groß wie eine Tanne. »Du Wicht«, rief er ihm zu, »was trommelst du hier und weckst mich aus dem besten Schlaf?«

»Ich trommle«, antwortete er, »weil viele Tausende hinter mir herkommen, damit sie den Weg wissen.«

»Was wollen die hier in meinem Wald?« fragte der Riese.

»Sie wollen dir den Garaus machen und den Wald von einem Ungetüm, wie du bist, säubern.«
»Oho«, sagte der Riese, »ich trete euch wie Ameisen tot.«
»Meinst du, du könntest gegen sie etwas ausrichten?« sprach der Trommler. »Wenn du dich bückst, um einen zu packen, so springt er fort und versteckt sich: wie du dich aber niederlegst und schläfst, so kommen sie aus allen Gebüschen herbei und kriechen an dir hinauf. Jeder hat einen Hammer von Stahl am Gürtel stecken, damit schlagen sie dir den Schädel ein.«
Der Riese ward verdrießlich und dachte: Wenn ich mich mit dem listigen Volk befasse, so könnte es doch zu meinem Schaden ausschlagen. Wölfen und Bären drücke ich die Gurgel zusammen, aber vor den Erdwürmern kann ich mich nicht schützen. »Hör, kleiner Kerl«, sprach er, »zieh wieder ab, ich verspreche dir, daß ich dich und deine Gesellen in Zukunft in Ruhe lassen will, und hast du noch einen Wunsch, so sag's mir, ich will dir wohl etwas zu Gefallen tun.«
»Du hast lange Beine«, sprach der Trommler, »und kannst schneller laufen als ich, trag mich zum Glasberge, so will ich den Meinigen ein Zeichen zum Rückzug geben, und sie sollen dich diesmal in Ruhe lassen.«
»Komm her, Wurm«, sprach der Riese, »setz dich auf meine Schulter, ich will dich tragen, wohin du verlangst.« Der Riese hob ihn hinauf, und der Trommler fing oben an, nach Herzenslust auf der Trommel zu wirbeln. Der Riese dachte, das wird das Zeichen sein, daß das andere Volk zurückgehen soll. Nach einer Weile stand ein zweiter Riese am Weg, der nahm den Trommler dem ersten ab und steckte ihn in sein Knopfloch. Der Trommler faßte den Knopf, der wie eine Schüssel groß war, hielt sich daran und schaute ganz lustig umher. Dann kamen sie zu einem dritten, der nahm ihn aus dem Knopfloch und setzte ihn auf den Rand seines Hutes; da ging der Trommler oben auf und ab und sah über die Bäume hinaus, und als er in blauer Ferne einen Berg erblickte, so dachte er, das ist gewiß der Glasberg, und er war es auch. Der Riese tat nur noch ein paar

Schritte, so waren sie an dem Fuß des Berges angelangt, wo ihn der Riese absetzte. Der Trommler verlangte, er sollte ihn auch auf die Spitze des Glasberges tragen, aber der Riese schüttelte mit dem Kopf, brummte etwas in den Bart und ging in den Wald zurück.
Nun stand der arme Trommler vor dem Berg, der so hoch war, als wenn drei Berge aufeinandergesetzt wären, und dabei so glatt wie ein Spiegel, und wußte keinen Rat, um hinaufzukommen. Er fing an zu klettern, aber vergeblich, er rutschte immer wieder herab. Wer jetzt ein Vogel wäre, dachte er, aber was half das Wünschen, es wuchsen ihm keine Flügel. Indem er so stand und sich nicht zu helfen wußte, erblickte er nicht weit von sich zwei Männer, die heftig miteinander stritten. Er ging auf sie zu und sah, daß sie wegen eines Sattels uneins waren, der vor ihnen auf der Erde lag und den jeder von ihnen haben wollte. »Was seid ihr für Narren«, sprach er, »zankt euch um einen Sattel und habt kein Pferd dazu.«
»Der Sattel ist wert, daß man darum streitet«, antwortete der eine von den Männern, »wer darauf sitzt und wünscht sich irgendwohin, und wär's am Ende der Welt, der ist im Augenblick angelangt, wie er den Wunsch ausgesprochen hat. Der Sattel gehört uns gemeinschaftlich, die Reihe, darauf zu reiten, ist an mir, aber der andere will es nicht zulassen.«
»Den Streit will ich bald austragen«, sagte der Trommler, ging eine Strecke weit und steckte einen weißen Stab in die Erde. Dann kam er zurück und sprach: »Jetzt lauft nach dem Ziel, wer zuerst dort ist, der reitet zuerst.« Beide setzten sich in Trab, aber kaum waren sie ein paar Schritte weg, so schwang sich der Trommler auf den Sattel, wünschte sich auf den Glasberg, und ehe man die Hand umdrehte, war er dort. Auf dem Berg oben war eine Ebene, da stand ein altes steinernes Haus, und vor dem Haus lag ein großer Fischteich, dahinter aber ein finsterer Wald. Menschen und Tiere sah er nicht, es war alles still, nur ein Wind raschelte in den Bäumen, und die Wolken zogen ganz nah über seinem Haupt weg. Er trat an die Türe und klopfte an. Als er zum dritten Male geklopft hatte, öffnete eine Alte

mit braunem Gesicht und roten Augen die Türe; sie hatte eine Brille auf ihrer langen Nase und sah ihn scharf an, dann fragte sie, was sein Begehren wäre. »Einlaß, Kost und Nachtlager«, antwortete der Trommler. »Das sollst du haben«, sagte die Alte, »wenn du dafür drei Arbeiten verrichten willst.«

»Warum nicht?« antwortete er, »ich scheue keine Arbeit, und wenn sie noch so schwer ist.« Die Alte ließ ihn ein, gab ihm Essen und abends ein gutes Bett. Am Morgen, als er ausgeschlafen hatte, nahm die Alte einen Fingerhut von ihrem dürren Finger, reichte ihn dem Trommler hin und sagte: »Jetzt geh an die Arbeit und schöpfe den Teich draußen mit diesem Fingerhut aus; aber ehe es Nacht wird, mußt du fertig sein, und alle Fische, die in dem Wasser sind, müssen nach ihrer Art und Größe ausgesucht und nebeneinander gelegt sein.«

»Das ist eine seltsame Arbeit«, sagte der Trommler, ging aber zu dem Teich und fing an zu schöpfen. Er schöpfte den ganzen Morgen, aber was kann man mit einem Fingerhut bei einem großen Wasser ausrichten, und wenn man tausend Jahre schöpft? Als es Mittag war, dachte er: Es ist alles umsonst, und ist einerlei, ob ich arbeite oder nicht, hielt ein und setzte sich nieder. Da kam ein Mädchen mit Essen hin und sprach: »Du sitzest da so traurig, was fehlt dir?« Er blickte es an und sah, daß es wunderschön war. »Ach«, sagte er, »ich kann die erste Arbeit nicht vollbringen, wie wird es mit den andern werden? Ich bin ausgegangen, eine Königstochter zu suchen, die hier wohnen soll, aber ich habe sie nicht gefunden; ich will weiter gehen.«

»Bleib hier«, sagte das Mädchen, »ich will dir aus deiner Not helfen. Du bist müde, lege deinen Kopf in meinen Schoß und schlaf. Wenn du wieder aufwachst, so ist die Arbeit getan.« Der Trommler ließ sich das nicht zweimal sagen. Sobald ihm die Augen zufielen, drehte sie einen Wunschring und sprach: »Wasser herauf, Fische heraus.« Alsbald stieg das Wasser wie ein weißer Nebel in die Höhe und zog mit den andern Wolken fort, und die Fische schnalzten, sprangen ans Ufer und legten sich nebeneinander, jeder nach seiner Größe und Art. Als der Trommler erwachte, sah er mit Erstaunen, daß alles vollbracht war. Aber das Mädchen sprach: »Einer von den Fischen liegt nicht bei seinesgleichen, sondern ganz allein. Wenn die Alte heute abend kommt und sieht, daß alles geschehen ist, was sie verlangt hat, so wird sie fragen: »Was soll dieser Fisch allein?« Dann wirf ihr den Fisch ins Angesicht und sprich: »Der soll für dich sein, alte Hexe.«

Abends kam die Alte, und als sie die Frage getan hatte, so warf er ihr den Fisch ins Gesicht. Sie stellte sich, als merkte sie es nicht und schwieg still, aber sie blickte ihn mit boshaften Augen an. Am andern Morgen sprach sie: »Gestern hast du es zu leicht gehabt, ich muß dir schwerere Arbeit geben. Heute mußt du den ganzen Wald umhauen, das Holz in Scheite spalten und in Klaftern legen, und am Abend muß alles fertig sein.« Sie gab ihm eine Axt, einen Schläger und zwei Keile. Aber die Axt war von Blei, der Schläger und die Keile waren von Blech. Als er anfing zu hauen, so legte sich die Axt um, und Schläger und Keile drückten sich zusammen. Er wußte sich nicht zu helfen, aber mittags kam das Mädchen wieder mit dem Essen und tröstete ihn. »Lege deinen Kopf in meinen Schoß«, sagte sie, »und schlaf. Wenn du aufwachst, so ist die Arbeit getan.« Sie drehte ihren Wunschring, in dem Augenblick sank der ganze Wald mit Krachen zusammen, das Holz spaltete sich von selbst und legte sich in Klaftern zusammen; es war, als ob unsichtbare Riesen die Arbeit vollbrächten. Als er erwachte, sagte das Mädchen: »Siehst du, das Holz ist geklaftert und gelegt; nur ein einziger Ast ist übrig, aber wenn die Alte heute abend kommt und fragt, was der Ast solle, so gib ihr damit einen Schlag und sprich: »Der soll für dich sein, du Hexe.« Die Alte kam. »Siehst du«, sprach sie, »wie leicht die Arbeit war; aber für wen liegt der Ast noch da?«

»Für dich, du Hexe«, antwortete er und gab ihr einen Schlag damit. Aber sie tat, als fühlte sie es nicht, lachte höhnisch und sprach: »Morgen früh sollst du alles Holz auf einen Haufen legen, es anzünden und verbrennen.« Er stand mit Anbruch des Tages auf und fing an, das Holz herbeizuholen, aber wie kann ein einziger Mensch einen ganzen Wald zusammentragen? Die Arbeit rückte nicht fort. Doch das Mädchen verließ ihn nicht in der Not; es brachte ihm mittags seine Speise, und als er gegessen hatte, legte er seinen Kopf in ihren Schoß und schlief ein. Bei seinem Erwachen brannte der ganze Holzstoß in einer ungeheuren Flamme, die ihre Zungen bis in den Himmel ausstreckte. »Hör mich an«, sprach das Mädchen, »wenn die Hexe kommt, wird sie dir allerlei auftragen. Tust du ohne Furcht, was sie verlangt, so kann sie dir nichts anhaben; fürchtest du dich aber, so packt dich das Feuer und verzehrt dich. Zuletzt, wenn du alles getan hast, so packe sie mit beiden Händen und wirf sie mitten in die Glut.«

Das Mädchen ging fort, und die Alte kam herangeschlichen. »Hu! Mich friert«, sagte sie, »aber das ist ein Feuer, das brennt, das wärmt mir die alten Knochen, da wird mir wohl. Aber dort liegt ein Klotz, der will nicht brennen, den hol mir heraus. Hast du das noch getan, so bist du frei und kannst ziehen, wohin du willst. Nur munter hinein.« Der Trommler besann sich nicht lange, sprang mitten in die Flammen, aber sie taten ihm nichts, nicht einmal die Haare konnten sie ihm versengen. Er trug den Klotz heraus und legte ihn hin. Kaum aber hatte das Holz die Erde berührt, so verwandelte es sich, und das schöne Mädchen stand vor ihm, das ihm in der Not geholfen hatte, und an den seidenen, goldglänzenden Kleidern, die es anhatte, merkte er wohl, daß es die Königstochter war. Aber die Alte lachte giftig und sprach: »Du meinst, du hättest sie, aber du hast sie noch nicht.« Eben wollte sie auf das Mädchen losgehen und es fortziehen, da packte er die Alte mit beiden Händen, hob sie in die Höhe und warf sie den Flammen in den Rachen, die über ihr zusammenschlugen, als freuten sie sich, daß sie eine Hexe verzehren sollten.

Die Königstochter blickte darauf den Trommler an, und als sie sah, daß es ein schöner Jüngling war, und bedachte, daß er sein Leben daran gesetzt hatte, um sie zu erlösen, so reichte sie ihm die Hand und sprach: »Du hast alles für mich gewagt, aber ich will auch für dich alles tun. Versprichst du mir deine Treue, so sollst du mein Gemahl werden. An Reichtümern fehlt es uns nicht, wir haben genug an dem, was die Hexe hier zusammengetragen hat.« Sie führte ihn in das Haus, da standen Kisten und Kasten, die mit ihren Schätzen angefüllt waren. Sie ließen Gold und Silber liegen und nahmen nur die Edelsteine. Sie wollte nicht länger auf dem Glasberg bleiben, da sprach er zu ihr: »Setze dich zu mir auf meinen Sattel, so fliegen wir hinab wie Vögel.«

»Der alte Sattel gefällt mir nicht«, sagte sie, »ich brauche nur an meinem Wunschring zu drehen, so sind wir zu Haus.«

»Wohlan«, antwortete der Trommler, »so wünsch uns vor das Stadttor.« Im Nu waren sie dort, der Trommler aber sprach: »Ich will erst zu meinen Eltern gehen und ihnen Nachricht geben, harre mein hier auf dem Feld, ich will bald zurück sein.«

»Ach«, sagte die Königstochter, »ich bitte dich, nimm dich in acht, küsse deine Eltern bei deiner Ankunft nicht auf die rechte Wange, denn sonst wirst du alles vergessen, und ich bleibe hier allein und verlassen auf dem Felde zurück.«

»Wie kann ich dich vergessen?« sagte er und versprach ihr in die Hand, recht bald wiederzukommen. Als er in sein väterliches Haus trat, wußte niemand, wer er war, so hatte er sich verändert, denn die drei Tage, die er auf dem Glasberge zugebracht hatte, waren drei lange Jahre gewesen. Da gab er sich zu erkennen, und seine Eltern fielen ihm vor Freude um den Hals, und er war so bewegt in seinem Herzen, daß er sie auf beide Wangen küßte und an die Worte des Mädchens nicht dachte. Wie er ihnen aber den Kuß auf die rechte Wange gegeben hatte, verschwand ihm jeder Gedanke an die Königstochter. Er leerte seine Taschen aus und legte Händevoll der größten Edelsteine auf den Tisch. Die Eltern wußten gar nicht, was sie mit dem Reichtum anfangen sollten. Da baute der Vater ein prächtiges Schloß, von Gärten, Wäldern und Wiesen umgeben, als wenn ein Fürst darin wohnen sollte. Und als es fertig war, sagte die

Mutter: »Ich habe ein Mädchen für dich ausgesucht, in drei Tagen soll die Hochzeit sein.« Der Sohn war mit allem zufrieden, was die Eltern wollten.

Die arme Königstochter hatte lange vor der Stadt gestanden und auf die Rückkehr des Jünglings gewartet. Als es Abend ward, sprach sie: »Gewiß hat er seine Eltern auf die rechte Wange geküßt und hat mich vergessen.« Ihr Herz war voll Trauer, sie wünschte sich in ein einsames Waldhäuschen und wollte nicht wieder an den Hof ihres Vaters zurück. Jeden Abend ging sie in die Stadt und ging an seinem Haus vorüber; er sah sie manchmal, aber er kannte sie nicht mehr. Endlich hörte sie, wie die Leute sagten: »Morgen wird seine Hochzeit gefeiert.« Da sprach sie: »Ich will versuchen, ob ich sein Herz wiedergewinne.« Als der erste Hochzeitstag gefeiert ward, da drehte sie ihren Wunschring und sprach: »Ein Kleid so glänzend wie die Sonne.« Alsbald lag das Kleid vor ihr und war so glänzend, als wenn es aus lauter Sonnenstrahlen gewebt wäre. Als alle Gäste sich versammelt hatten, so trat sie in den Saal. Jedermann wunderte sich über das schöne Kleid, am meisten die Braut, und da schöne Kleider ihre größte Lust waren, so ging sie zu der Fremden und fragte, ob sie es ihr verkaufen wollte. »Für Geld nicht«, antwortete sie, »aber wenn ich die erste Nacht vor der Türe verweilen darf, wo der Bräutigam schläft, so will ich es hingeben.« Die Braut konnte ihr Verlangen nicht bezwingen und willigte ein, aber sie mischte dem Bräutigam einen Schlaftrunk in seinen Nachtwein, wovon er in tiefen Schlaf verfiel. Als nun alles still geworden war, so kauerte sich die Königstochter vor die Türe der Schlafkammer, öffnete sie ein wenig und rief hinein:

»Trommler, Trommler, hör mich an,
Hast du mich denn ganz vergessen?
Hast du auf dem Glasberg nicht bei mir gesessen?
Habe ich vor der Hexe nicht bewahrt dein Leben?
Hast du mir auf Treue nicht die Hand gegeben?
Trommler, Trommler, hör mich an.«

Aber es war alles vergeblich, der Trommler wachte nicht auf, und als der Morgen anbrach, mußte die Königstochter unverrichteter Dinge wieder fortgehen.
Am zweiten Abend drehte sie ihren Wunschring und sprach: »Ein Kleid so silbern als der Mond.« Als sie mit dem Kleid, das so zart war wie der Mondschein, bei dem Fest erschien, erregte sie wieder das Verlangen der Braut und gab ihr dafür die Erlaubnis, auch die zweite Nacht vor der Türe der Schlafkammer zubringen zu dürfen. Da rief sie in nächtlicher Stille:

»Trommler, Trommler, hör mich an,
Hast du mich denn ganz vergessen?
Hast du auf dem Glasberg nicht bei mir gesessen?
Habe ich vor der Hexe nicht bewahrt dein Leben?
Hast du mir auf Treue nicht die Hand gegeben?
Trommler, Trommler, hör mich an.«

Aber der Trommler, von dem Schlaftrunk betäubt, war nicht zu erwecken. Traurig ging sie den Morgen wieder zurück in ihr Waldhaus. Aber die Leute im Haus hatten die Klage des fremden Mädchens gehört und erzählten dem Bräutigam davon; sie sagten ihm auch, daß es ihm nicht möglich gewesen wäre, etwas davon zu vernehmen, weil sie ihm einen Schlaftrunk in den Wein geschüttet hätten. Am dritten Abend drehte die Königstochter den Wunschring und sprach: »Ein Kleid flimmernd wie Sterne.« Als sie sich darin auf dem Fest zeigte, war die Braut über die Pracht des Kleides, das die andern weit übertraf, ganz außer sich und sprach: »Ich soll und muß es haben.« Das Mädchen gab es, wie die andern, für die Erlaubnis, die Nacht vor der Türe des Bräutigams zuzubringen. Der Bräutigam aber trank den Wein nicht, der ihm vor dem Schlafengehen gereicht wurde, sondern goß ihn hinter das Bett. Und als alles im Haus still geworden war, so hörte er eine sanfte Stimme, die ihn anrief:

»Trommler, Trommler, hör mich an,
Hast du mich denn ganz vergessen?
Hast du auf dem Glasberg nicht bei mir gesessen?
Habe ich vor der Hexe nicht bewahrt dein Leben?
Hast du mir auf Treue nicht die Hand gegeben?
Trommler, Trommler, hör mich an.«

Plötzlich kam ihm das Gedächtnis wieder. »Ach«, rief er, »wie habe ich so treulos handeln können, aber der Kuß, den ich meinen Eltern in der Freude meines Herzens auf die rechte Wange gegeben habe, der ist schuld daran, der hat mich betäubt.« Er sprang auf, nahm die Königstochter bei der Hand und führte sie zu dem Bett seiner Eltern. »Das ist meine rechte Braut«, sprach er, »wenn ich die andere heirate, so tue ich großes Unrecht.« Die Eltern, als sie hörten, wie alles sich zugetragen hatte, willigten ein. Da wurden die Lichter im Saal wieder angezündet, Pauken und Trompeten herbeigeholt, die Freunde und Verwandten eingeladen wiederzukommen, und die wahre Hochzeit ward mit großer Freude gefeiert. Die erste Braut behielt die schönen Kleider zur Entschädigung und gab sich zufrieden.

WER TRÄUMT AM BESTEN

Einst begaben sich drei Jäger – zwei bärtige reiche Männer und ein armer bartloser Jüngling – in die Steppe zur Jagd auf Vögel. Den ganzen Tag wanderten sie ohne Erfolg umher. Erst gegen Abend schossen sie eine Trappe. Die Jäger waren müde und hungrig geworden und kehrten zu ihrer Jagdhütte zurück. Sie zündeten ein Feuer an und überlegten, wie sie ihre Beute teilen sollten. Sie waren zu dritt und hatten nur eine Trappe. Das reichte nicht für alle.

Die Bärtigen sagten: »Möge der die Trappe essen, der am längsten schweigt. Er darf kein Wort sprechen.«

»Gut«, sagte der Bartlose, »so soll es sein.«

Die Jäger sitzen an ihrem Feuer und schweigen, als ob jeder einen Stein im Munde hätte. Einer blickt den anderen an – wer wird das Schweigen brechen? Eine Stunde vergeht, noch eine und eine dritte – niemand macht den Mund auf.

Dann nimmt der Bartlose die Trappe und beginnt sie zu rupfen. Die Bärtigen sehen ihm zu und schweigen. Der Bartlose kocht die Trappe, nimmt sie aus dem Kochtopf und beginnt zu essen. Die Bärtigen schweigen noch immer.

Erst als der Bartlose das letzte Knöchlein abgenagt hatte, riefen die Bärtigen einstimmig: »Du hast es gewagt gegen unsere Abmachung die Trappe aufzuessen!«

»Mir scheint, ihr habt unsere Abmachung vergessen!« antwortete der Bartlose. »Es war doch ausgemacht: wer länger schweigt, bekommt die Trappe. Stimmt das? Wer von uns fing mit dem Schreien an? Ihr! Also gehört die Trappe mir, und ich war berechtigt, sie zu essen. Worüber streitet ihr noch?«

Die Männer kratzten ihre Bärte und mußten einsehen, daß der Bartlose im Recht war und daß sie nichts mehr ändern konnten. Hungrig legten sie sich zum Schlafen nieder. Am nächsten Tag schossen die Jäger zwei Gänse und eine Schnepfe.
»Wie wollen wir die Beute teilen?« fragten die Bärtigen.
Der Bartlose antwortete: »Ihr seid zwei und ich bin einer, die Gänse sind auch zwei und die Schnepfe eine. Ihr nehmt für euch die Schnepfe und ich nehme die zwei Gänse – dann seid ihr drei und wir sind auch drei!«
»He – he, Bruderherz«, sagten die Bärtigen, »es scheint, daß du uns wieder übers Ohr hauen willst! Ein jeder weiß, daß Gänse besser als Schnepfen sind!«
Der Bartlose verzog keine Miene. »Das stimmt«, sagte er. »Die Gänse sind besser als die Schnepfe. Aber ihr seid doch auch besser als ich!«
Die Bärtigen blickten sich an: der Bartlose scheint recht zu haben! Sie brieten die Schnepfe und nagten die mageren Knochen. Und der Bartlose aß sich an dem Gänsefleisch satt.
Am dritten Tage schossen die Jäger einen Schwan. Sie rupften ihn, kochten ihn und nahmen den Kochtopf vom Feuer.
»Wie wollen wir den Schwan teilen?« fragte der eine Bärtige den anderen.
»Wir machen es so«, sagte der andere, »der Schwan bleibt über Nacht im Kochtopf, wir legen uns schlafen. Wer von uns den besten Traum hat, der darf den Schwan aufessen!«
»Gut«, sagte der Bartlose, »ich bin mit eurem Vorschlag einverstanden!«
Die Jäger legten sich zum Schlafen nieder. Der Bartlose hatte sich kaum ausgestreckt, da schlief er schon gleich laut schnarchend ein. Die Bärtigen drehten sich noch bis Mitternacht von einer Seite auf die andere: sie wollten sich recht wunderbare Träume ausdenken.
Am Morgen sagte der Bartlose: »Nun erzählt, was habt ihr geträumt?«

Der erste Bärtige begann: »Ich hatte einen seltsamen Traum. Mir schien, ich war in ein wunderbares, geflügeltes Roß, in einen Tulpar, verwandelt. Aus den Schultern wuchsen mir glänzende Flügel, an den Füßen silberne Hufe und an meinem Halse eine goldene Mähne. Ich schüttelte meine Mähne, bewegte die Flügel, schlug mit den Hufen aus – und mit drei Sätzen übersprang ich die ganze Steppe von einem Ende bis zum anderen! Da erschien vor mir ein unbekannter schöner Ritter und schwang sich auf meinen Rücken. Ich spürte, daß es ein mächtiger Reiter war, und ich flog so hoch empor, daß die Erde nicht mehr zu sehen war. Da schwindelte mir der Kopf, und ich erwachte.«

Dann erzählte der zweite Bärtige seinen Traum: »Dein Traum ist gut, aber meiner ist viel besser! Ich träumte, ich selbst wäre der unbekannte schöne Ritter, den du im Traum gesehen hast. Und ich sehe: du hast dich in das Flügelroß Tulpar verwandelt und kommst zu mir gelaufen. Ich schwinge mich auf deinen Rücken, ergreife deine goldene Mähne, und wir steigen bis über die Wolken zum Himmel empor. Wir reiten über die Wolken hinweg, immer weiter und weiter – vor uns die Sonne, hinter uns der Mond, unter unseren Füßen Sterne, Blitze, Wolken ... Und von allen Seiten fliegen himmlische Wesen, die Peri, auf mich zu. Sie überschütten mich mit kostbaren Geschenken, ich neige mich ihnen zu, aber ich kann nicht in ihrer Nähe verweilen, mein Tulpar stürmt vorwärts und jagt weiter. Hier endet mein Traum, und ich weiß nicht, was weiter geschah.«

Der Bartlose hörte sich alles an und sagte: »Eure Träume sind gut! Oh, wie gut sind sie! Wie kann ich mich mit euch messen! Mein Traum war nicht so wunderbar. Ich träumte, wir sitzen hier im Zelt und plötzlich verwandelt sich einer von euch in das Flügelroß Tulpar und der andere in den schönen unbekannten Ritter. Tulpar schüttelt seine goldene Mähne, bewegt die glänzenden Flügel und schlägt mit den silbernen Hufen aus. Der unbekannte schöne Ritter schwingt sich auf seinen Rücken und steigt zum Himmel empor. Vor ihm – die Sonne, hinter ihm – der Mond, unter seinen Füßen

– Sterne, Blitze, Wolken. Von allen Seiten fliegen himmlische Wesen – die Peri – auf ihn zu, sie überschütten ihn mit kostbaren Geschenken, er will sich zu ihnen neigen, aber der Tulpar stürmt weiter. Ich beginne zu weinen, bittere Tränen zu weinen: ach nein, sagte ich zu mir selber – sie kommen nicht wieder auf die Erde zurück, meine Freunde kommen nicht wieder! Und den Schwan brauchen sie schon gar nicht mehr! Dann nahm ich den Schwan und habe ihn vor Kummer aufgegessen.«
»Was soll das heißen!« riefen die Bärtigen zugleich. – »Was hast du getan, den ganzen Schwan hast du allein aufgegessen? Und was ist für uns übriggeblieben?«
Sie rannten zum Kochtopf, sahen hinein – aber da lagen nur noch die abgenagten Knochen des Schwans.

DIE SCHÖNE BIRKE

In einem Dorf lebte ein alter Mann mit seiner alten Frau in großer Armut. Sie waren so arm, daß sie nicht einmal genug Brot zu essen hatten.
Die Alte sammelte die letzten Holzstückchen auf und wollte den Ofen anheizen. Aber sie hatte keine Späne und konnte darum kein Feuer anmachen.
Die Alte sagt zu ihrem Mann: »Ich kann den Ofen nicht anheizen. Geh mal in den Wald und hole Späne. Du mußt eine Birke abhauen, dann haben wir einen großen Vorrat an Spänen.«
Der Alte nahm eine Axt und ging in den Wald. Er sah sich die Birken an und überlegte, welche er wohl abholzen sollte. Er brauchte nicht lange zu suchen, da erblickte er eine wunderschöne Birke. Er

wollte sie fällen. Aber kaum hatte er seine Axt erhoben, da begannen die Blätter der Birke zu rauschen und die Zweige bewegten sich plötzlich so heftig wie im Sturm.
Die Birke neigte sich zu dem Greis herab und begann mit menschlicher Stimme zu sprechen: »Verschone mich, alter Mann, laß mich leben. Du wirst alles bekommen, was du brauchst!«
Der Greis erschrak so sehr, daß ihm die Axt aus den Händen fiel. Siebzig Jahre bin ich alt geworden, aber solch ein Wunder habe ich noch nicht erlebt, dachte der Alte.
Er berührte die Birke nicht, ging nach Hause und sagte zu seiner Frau: »Ich hätte dir gutes Rindenholz für Späne mitbringen können, aber die Birke fing plötzlich an, mit Menschenstimme zu sprechen und sagte: »Rühre mich nicht an, alter Mann! Was du brauchst, wirst du bekommen!«
»Nun, da habe ich ihrer Bitte nachgegeben.«
»Was, die Birke will nicht gefällt werden«, schrie die Alte, »so geh und brich ihr kleine Zweige ab, damit unsere Lämmer Futter haben!«
Und sie trieb den Greis zurück in den Wald. Der Alte erblickte sofort die schöne Birke. Er ging zu der Birke, verneigte sich und sagte: »Meine Frau hat befohlen, deine Zweige abzubrechen. Sie will mit dem Laub die Lämmer füttern, wenn ich dich nicht wegen der Späne abhauen soll!«
»Meine Zweige sollst du auch nicht brechen«, sagte die Birke. »Alles, was deine Alte will, wird sie bekommen.«
Da konnte der alte Mann nichts machen, er mußte nach Hause gehn. Als der Alte zu Hause ankommt, sieht er voller Staunen überall ganze Haufen trockener Späne liegen.
»Nun, Alte, siehst du, wieviel Späne wir jetzt haben!«
Aber die Frau stürzt sich wieder auf den Alten: »Warum hast du die Birke nur um Späne gebeten? Der Ofen muß doch geheizt werden, und wir haben kein Brennholz. Marsch in den Wald und bitte um Holz!«

Mit Schelten und Schreien trieb sie den Alten aus dem Haus. Er ging zur Birke, verneigte sich vor ihr und bat: »Schöne Birke, liebe Birke, gib mir Brennholz! Alles, was wir hatten, ist verbraucht, nun haben wir nichts mehr, um den Ofen zu heizen!«
»Geh nur nach Hause, alter Mann, du bekommst, was du wolltest«, sagte die Birke.
Der Greis kehrte nach Hause zurück. Wie er heimkommt, sieht er den ganzen Hof voller Holz. Es ist zersägt, gespalten und aufgestapelt. Aber die Alte ist immer noch unzufrieden.
»Warum hast du die Birke nur um Holz gebeten? Wir haben nicht einmal eine Handvoll Mehl im Hause. Geh sofort in den Wald und bitte um Mehl!«
»Sei doch still, Alte, das geht doch nicht! Ich habe doch eben erst um Holz gebeten!«
Aber die Alte fing wieder mit Schelten und Zanken an. Sie schrie und schrie, ergriff den Feuerhaken und jagte ihren Mann aus dem Haus. »Tu, was dir befohlen wird«, rief sie hinter ihm her.
Der Alte nahm seine Axt und ging wieder in den Wald. Er kam zur schönen Birke und begann zu jammern: »Schöne Birke, liebe weiße Birke! Die Alte hat mich wieder zu dir geschickt, ich soll dich um Mehl bitten. Wenn du kannst, hilf und gib uns etwas Mehl!«
»Geh nur nach Hause, alter Mann, was du haben wolltest, wirst du bekommen«, sagte die Birke.
Der Alte freute sich sehr und ging nach Hause. Er geht in den Speicher, weil er nicht glauben will, daß da Mehl sein könnte. Aber er staunt: Der Speicher ist bis obenhin voll Mehl! Der alte Mann wurde so froh darüber, so heiter, daß er alle Not vergaß. Nun werden wir immer satt sein, denkt er.
Doch die Alte erblickt den Greis, kommt aus dem Haus gelaufen und beginnt zu schreien: »Ach du alter, dummer Holzkopf! Warum hast du nur um Mehl gebeten? Geh sofort zurück zur Birke, du Narr, und bitte sie um zwei Truhen voll Gold!«
Dabei schlug sie nach ihm mit dem Schulterjoch und jagte ihn fort.

Der Alte ließ betrübt den Kopf hängen und schleppte sich wieder in den Wald. Er kam zur schönen Birke, verneigte sich tief vor ihr und begann zu jammern und zu klagen: »Schöne Birke! Liebe weiße Birke! Meine Alte hat mich wieder zu dir geschickt. Sie verlangt zwei Truhen voll Gold!«

»Geh nur, Alter, geh! Was du bittest, wirst du bekommen«, sagte die Birke.

Der Alte ging nach Hause. Er trat ans Fenster der Hütte und schaute hinein. Da sitzt die Alte auf der Bank und hat die Hände voll goldener Geldstücke. Die Münzen glitzern und blinken. Er geht hinein und sieht: Neben dem Tisch stehen zwei Truhen voll Gold! Da verlor auch der Alte den Verstand. Er begann ebenso wie seine Frau in den Goldmünzen zu wühlen.

»Man muß das Gold gut verstecken, damit es niemand sieht«, sagt die Alte.

»Ja, das muß man, das muß man«, antwortet der Greis. »Sobald man erfährt, daß wir soviel Gold haben, wird man uns anbetteln oder bestehlen.«

Sie dachten nach, besprachen sich und versteckten das Gold unter dem Fußboden.

So lebten die beiden Alten zufrieden dahin. Geld hatten sie nun genug. Aber das viele Gold läßt sie nicht zur Ruhe kommen, weder tags noch nachts. Sie haben immer Angst, das Geld könnte ihnen gestohlen werden.

Die Alte dachte und dachte lange nach, wie man das Gold sicher bewahren könnte. Schließlich fiel ihr etwas ein, und sie sagte zu ihrem Mann: »Höre, Alter, geh zu deiner Birke und bitte sie, uns in ganz schreckliche, furchtbare Wesen zu verwandeln, damit alle Leute vor uns Angst bekommen und alle weit von uns fortlaufen!«

Wieder mußte der alte Mann in den Wald wandern. Er ging zur schönen Birke, verneigte sich vor ihr und begann zu bitten: »Schöne Birke, liebe weiße Birke! Mache mich und meine Alte zu ganz schrecklichen, fürchterlichen Wesen. So schrecklich, daß sich alle

Leute vor uns fürchten und sie weit von uns weglaufen und unser Gold nicht anrühren!«

Die Birke begann mit den Blättern zu rauschen, ihre Zweige zu schwingen und sagte dann zum Alten: »Geh nach Hause, Alter, dein Wunsch wird erfüllt. Alle Menschen werden sich vor euch fürchten und auch die Tiere des Waldes!«

Der Greis ging nach Hause, öffnete die Tür: »Nun«, sagt er, »die Birke hat mir versprochen: Nicht nur die Leute werden sich vor uns fürchten, auch die Tiere des Waldes. Alle werden vor uns weglaufen!«

Kaum hatte er es gesagt, da bedeckte ihn und sein Weib ein dichtes braunes Fell. Hände und Füße wurden zu Tatzen, aus denen scharfe Krallen hervorwuchsen. Sie wollten einander etwas sagen, aber sie konnten nicht sprechen, nur noch laut brummen.

Beide waren in Bären verwandelt.

DIE WUNDERTIERE UND DER WUNDERKNÜPPEL

Es war einmal ein sehr armes Ehepaar, alte Leutchen, deren ganze Habe aus einer einzigen Henne bestand. Eines Tages wollten sie die Henne schlachten, aber als sie sie gefangen hatten, legte sie ein goldenes Ei. »Warum sollten wir das Tier schlachten, wenn es uns jeden Tag ein goldenes Ei legt«, sagten die beiden zueinander und ließen sie laufen. Als sie die Henne aber am folgenden Tag wieder fangen wollten, war sie verschwunden. Da nahm der Alte seinen Stab und ging auf die Suche. »Ohne die Henne komm ich nicht heim«, sagte er zu seiner Frau.

Lange wanderte er – schnell ist ein Märchen erzählt, aber lange braucht es, bis es geschieht –, endlich aber kam er zu der Hütte einer

ganz alten Frau. Der erzählte er von seiner Henne und fragte sie, ob sie diese nicht gesehen habe. »Nein, gesehen hab ich sie nicht, aber ich gebe dir dafür ein Pferd; wenn du wieherst, gibt es dir jedes Gericht, das du nur haben willst.« Und mit diesen Worten schenkte sie ihm einen unscheinbaren Gaul. Mit vieler Mühe bestieg der Alte das Tier und machte sich auf den Weg. Als er durch einen Ort kam, lachten ihn die Leute wegen seines elenden Kleppers aus. »Lacht, soviel ihr wollt«, sagte er, »bloß wiehert nicht; wenn ihr wiehert, gibt's zu essen, was ihr nur wollt.« Niemand glaubte ihm, die Jungen aber lachten ihn noch mehr aus und wieherten zum Scherz: auf einmal aber waren die verschiedensten Gerichte da, so viel, daß das ganze Dorf sich davon satt essen konnte. Den Alten luden sie mit viel Ehrerbietung in das Gastzimmer, und als er sich niederlegte, um auszuruhen, tauschten sie ihm sein Pferd gegen ein anderes, ebenso unscheinbares aus. Nachdem der Alte sich nun ausgeruht hatte, eilte er heim zu seiner Frau, ohne es zu bemerken, daß er auf einem ganz andern Pferde saß. Zu Hause wollte er sein Kunststück gleich seiner Frau zeigen, aber soviel diese auch wieherte, das Pferd gab gar nichts von sich.

Dann führte der Alte das Tier zu der Alten zurück, die es ihm geschenkt hatte und machte ihr Vorwürfe, daß sie ihn betrogen habe. »Nein, ich habe dich nicht betrogen«, sagte diese, »aber ich gebe dir dafür eine Ziege; wenn du mää sagst, so fallen aus ihrer Nase und ihrem Maule Goldstücke.« Der Alte nahm seine Ziege, ging weg und kam auf seinem Weg durch denselben Ort, wo sie ihm sein Pferd ausgetauscht hatten. Dasselbe taten sie dort auch mit seiner Ziege, und als der Alte nach Hause kam und seiner Frau die Ziege vorführen wollte, nutzte wieder alles Määrufen nichts; die Ziege gab kein Gold von sich. »Was das für ein gottloses Weib ist«, sagte der Alte, »warum betrügt sie mich denn immer?«

Und ging wieder zu der Alten und machte ihr bittere Vorwürfe. Die gab ihm, um ihn loszubringen, einen Knüppel und sagte: »Da hast du einen Knüppel; wenn dir jemand Unrecht tut und du sagst dom,

dom, dann wird er alle so lange prügeln, bis du ihm befiehlst aufzuhören oder bis dir die Geprügelten deinen Willen tun.« Mit dem Knüppel bewaffnet, ging der Alte wieder in jenen Ort, wo sie ihm Pferd und Ziege ausgetauscht hatten. Als die Leute da wieder sich um ihn versammelten, warnte er sie: »Gebt acht, sagt ja nicht dom, dom zu meinem Knüppel, sonst kriegt ihr Prügel.« Aber niemand glaubte ihm, und um sich über ihn lustig zu machen, sagten sie das Zauberwort, und gleich fuhr der Knüppel unter sie und prügelte sie ganz fürchterlich, bis sie baten, er solle seinem Knüppel Ruhe gebieten, sie wollten ihm auch sein Pferd und seine Ziege wiedergeben. Als er die beiden wieder hatte, gebot er seinem Knüppel aufzuhören.

Und dann kehrte er mit Pferd, Ziege und Knüppel nach Hause zurück und lebte mit seiner Frau herrlich und in Freuden.

DER KÖNIGSSOHN UND KLEIN-NORA

Es war einmal ein König, der hatte sich auf eine Seereise begeben. Plötzlich blieb sein Schiff stehen, und niemand konnte begreifen, wie das zuging. Als aber der König am Heck ins Wasser schaute, erblickte er die Meerfrau, die dort saß und das Fahrzeug festhielt, so daß es ganz still lag, obgleich die Segel gehißt waren und ein kräftiger Wind blies. Da bat er sie, das Schiff loszulassen, so daß er heimfahren könne. Ja, das wollte sie versprechen, wenn sie dafür das erste bekäme, was ihm bei der Heimkehr begegnete. Das versprach der König, denn er hatte einen kleinen Hund, der ihm immer entgegenlief und ihn ein gutes Stück vor dem Schloß begrüßte, wenn er nach Hause kam. Und obgleich er den Hund gern hatte, konnte er ihn ihr doch schenken, um dafür seine Reise fortsetzen zu können. Als er nun versprochen hatte, daß die Meerfrau das erste bekommen sollte, was ihm bei der Heimkehr entgegenlief, ließ sie das Fahrzeug los, und sie segelten weiter. Aber als sie dann nach Hause kamen, sprang nicht wie sonst der kleine Hund dem König entgegen, sondern statt dessen sein einziges Kind, ein feiner, guter Knabe, den der König sehr liebte. Da befiel den König und die Königin tiefe Trauer, aber was sie auch der Meerfrau an anderen Schätzen boten, es half alles nichts – sie wollte den kleinen Prinzen haben. Und am festgesetzten Tag kam sie und holte ihn zu sich ins Meer.

Da lebte er nun mehrere Jahre lang, bis er erwachsen war. Die Meerfrau hatte zwei Töchter, die beide dick und häßlich waren, aber außerdem war dort noch ein anderes Mädchen, mit Namen Klein-Nora. Es war eine Prinzessin, die als kleines Kind ihren Eltern geraubt worden war. Seither hatte sie bei der Meerfrau gelebt, alle ihre

Künste gesehen und mancherlei Zauberei gelernt. Doch davon wußte die Meerfrau nichts. Als nun der Königssohn herangewachsen war, wollte die Meerfrau, daß er eine ihrer Töchter heiraten sollte. Darum sagte sie zu ihm, sie wolle am Abend, wenn es finster sei, alle drei Mädchen in einer Reihe in einem dunklen Zimmer aufstellen. Dann sollte er sagen, welche er haben wollte, doch ohne sie zu sehen. Da wurde der Königssohn traurig, denn er und Klein-Nora liebten einander sehr, und nun konnte es ja geschehen, daß er in der Dunkelheit eine von den Töchtern der Meerfrau wählte. Als aber Klein-Nora an jenem Tage einmal an ihm vorüberging, flüsterte sie ihm zu: »Heut abend stellt die Alte mich an die rechte Seite, wähle mich dort!«

Des Abends, als er hineingehen und eines von den aufgestellten Mädchen erwählen sollte, sprach er: »Ich will die haben, die an der rechten Seite steht.«

Als die Meerfrau das hörte, ward sie ärgerlich und sprach: »Wir wollen es an einem anderen Abend wiederholen.«

An jenem Tage nun sagte Klein-Nora zum Königssohn: »Heut abend stellt die Alte mich an die linke Seite, wähle mich dort!«

Da er nun wählen sollte, sprach er: »Ich will die haben, die an der linken Seite steht.«

Die Meerfrau wurde zornig und sagte: »Wir wollen es morgen noch einmal versuchen.«

Am nächsten Tage sagte Klein-Nora: »Heut abend stellt die Alte mich zwischen die beiden anderen, wähle mich dort!«

Daher sprach der Königssohn, als er seine Wahl treffen sollte: »Ich will die haben, die in der Mitte steht!«

Da aber ward die Meerfrau so zornig, daß sie Klein-Nora zu töten beschloß. Sie sprach zu ihr: »Morgen wollen wir backen. Steh früh auf, stopfe den Ofen ganz voller Holz und heize ihn an, und wenn er ordentlich brennt, sag mir Bescheid!«

»Ja«, antwortete Klein-Nora, aber sie verstand wohl, daß die Alte sie in den Ofen werfen wollte. Daher sprach sie zum Königssohn:

»Heute nacht müssen wir fliehen. Aber du mußt alles genauso tun, wie ich es dir sage, sonst wird es uns schlecht ergehen.«

Das versprach er. Als nun die Meerfrau und ihre Töchter eingeschlafen waren, stopfte sie alle Fenster mit Decken und Kissen zu, so daß kein Tageslicht eindringen konnte. Dann machte sie drei Strohpuppen und stellte die eine in ihr Bett, die andere neben das Bett und die dritte an den Ofen. Darauf zauberte sie, daß jede von ihnen ein paar Worte sprechen konnte. Dann eilte sie mit dem Königssohn hinweg, so schnell sie vermochten.

Als nun die Meerfrau am Morgen erwachte, war es ganz finster, da alle Fenster verhängt waren. Aber sie rief trotzdem: »Nora!«

»Ja«, antwortete die Strohpuppe, die im Bett stand.

»Bist du noch nicht auf?« fragte die Meerfrau.

»Doch, ich stehe im Bett«, sagte die Puppe.

Da legte sich die Meerfrau wieder zum Schlafe nieder und schlief bis zum nächsten Morgen. Als sie erwachte und sah, daß es noch finster war, glaubte sie, sie habe nur einen kleinen Augenblick geschlafen. Sie rief nun: »Nora!«

»Ja!« antwortete die Strohpuppe, die neben dem Bett stand.

»Bist du noch nicht auf?«

»Doch, ich stehe neben dem Bett!« sagte die Puppe.

Da legte sich die Alte zum Schlaf nieder und schlief bis zum nächsten Morgen. Als sie nun erwachte, und es noch genauso dunkel war, rief sie: »Nora!« »Ja!« erwiderte die Puppe, die am Ofen stand.

»Bist du noch nicht auf?«

»Doch, ich stehe am Ofen«, sagte die Strohpuppe.

Die Meerfrau versuchte, wieder einzuschlafen, doch gelang es ihr nicht. So stand sie auf, und nun sah sie, was geschehen war und wurde über die Maßen zornig. Der Königssohn und Klein-Nora waren auf und davon und hatten schon einen tüchtigen Vorsprung. Aber die Meerfrau sprach zu ihrer jüngsten Tochter: »Eil dich, sie einzuholen, und was du auch immer erblickst, es sind nur sie. Nimm sie dann mit.«

Der Königssohn und Klein-Nora gingen miteinander über eine Ebene, die war so groß, als wolle sie nie ein Ende nehmen. Da sprach Klein-Nora zum Königssohn: »Schau dich um und sprich, ob du etwas siehst!«
»Ja«, sagte er, »ich sehe etwas wie eine kleine schwarze Wolke hinter uns.«
»Das ist die jüngste Tochter der Meerfrau, aber das ist nicht so gefährlich«, sagte Klein-Nora. »Nun sollst du ein Pfosten werden und ich ein Tor.« Und das wurden sie.
Als nun die Tochter der Meerfrau dorthin kam und nichts sah außer dem Tor, sprach sie:
»Habt ihr einen Knaben und ein Mädchen vorübergehen sehen?«
Das Tor schlug nur auf und zu, auf und zu. Da kehrte sie heim.
Die Meerfrau aber fragte: »Hast du sie mitgebracht?«
»Nein«, sagte sie, »ich konnte sie nicht finden.«
»Hast du nichts gesehen?« fragte die Mutter.
»Nein, nichts außer einem Torpfosten und einem Tor, das auf und zu, auf und zu flog.«
»Ach, bist du dumm! Das waren sie doch, und du hättest sie mitnehmen sollen. Aber geh du jetzt«, sagte sie zu der älteren Tochter, »und eile dich, sie einzuholen. Und was du auch immer siehst, so sind sie es, und du sollst sie mitnehmen!«
Nun eilte das Mädchen, so schnell sie vermochte. Als nun der Königssohn und Klein-Nora sich wieder auf den Weg gemacht hatten, sprach Klein-Nora zu ihm: »Schau dich um und sprich, ob du etwas siehst!«
»Ja«, sagte er, »ich sehe etwas wie eine größere schwarze Wolke hinter uns.«
»Das ist die älteste Tochter der Meerfrau«, sagte Klein-Nora, »aber das ist nicht gefährlich, tu du nur, was ich sage. Du sollst jetzt ein Kohlenmeiler werden, und ich ein Köhlerbursche.« Und gleich wurden sie das.
Als nun die älteste Tochter der Meerfrau dorthin kam, sprach sie:

»Habt ihr einen Knaben und ein Mädchen vorbeikommen sehen?«
Aber der Köhlerjunge wühlte nur in seinen Kohlen und sagte:
»Ich brenne meine Kohlen, ich brenne meine Kohlen.«
Und wieviel sie auch fragte, erhielt sie keine andere Antwort. Da sie nun nichts fand, kehrte sie nach Hause zurück. Die Mutter fragte sie, ob sie die beiden mitgebracht habe.
»Nein, ich konnte sie nicht finden.«
»Hast du nichts gesehen, was sie hätten sein können?«
»Nein, ich sah nichts außer einem Kohlenmeiler und einem Köhlerburschen«, und wie ich auch fragte, ob er einen Knaben und ein Mädchen gesehen habe, antwortete er immer nur: »Ich brenne meine Kohlen, ich brenne meine Kohlen.«
»Ach, bist du dumm! Das waren sie doch, und du hättest sie mitnehmen sollen. Ich muß doch wohl selbst gehen«, sagte die Alte. Und sie machte sich in größter Eile auf den Weg.
Als nun der Königssohn und Klein-Nora weitergingen, bat sie ihn, sich umzuschauen. »Ach, jetzt sehe ich eine große schwarze Wolke hinter uns«, sagte er.
Da sprach Klein-Nora: »Das ist die Meerfrau selbst, nun ist die Gefahr groß. Aber wir wollen versuchen, den kleinen See zu erreichen, der da vor uns liegt. Und tu nur, was ich dir sage!«
Wirklich erreichten sie den See mit knapper Not. Da verwandelte sie den Königssohn in einen Enterich und sich selbst in eine Ente, und dann schwammen sie aufs Wasser hinaus, gerade als die Meerfrau den See erreichte. Diese hatte zwar im Meere Macht, aber über einen See hatte sie keine Macht, daher lockte sie nur freundlich und streute ihnen Körner hin, aber sie kamen nicht. Da dachte die Meerfrau: Nun, ich werde euch schon noch bekommen! Und dann legte sie sich nieder und begann zu trinken und trank so kräftig, daß das Wasser im See mehr und mehr zu sinken begann, und die Ente und der Enterich kamen ihr immer näher. Schließlich war nur noch eine kleine Wasserlache übrig, aber da ging gerade die Sonne auf, und diesen Anblick können Trolle niemals ertragen. Darum platzte die

Meerfrau, und alles Wasser lief wieder in den See hinein. Der Königssohn und Klein-Nora waren nun gerettet. Sie gingen aufs feste Land und wurden wieder Menschen und wanderten miteinander zum Schloß seines Vaters.
Als sie nur noch ein kleines Stück davon entfernt waren, sagte Klein-Nora: »Geh du allein weiter, ich will einstweilen hier warten. Wenn du mich nicht vergißt, wirst du wohl kommen und mich holen.«
Ach, er könne sie gewiß nimmermehr vergessen, meinte er.
Dann nahmen sie Abschied voneinander, und er ging allein zum Schloß. Nun kann man sich leicht vorstellen, wie groß die Freude bei seinen Eltern und allen anderen war. Und als er einige Tage daheim gewesen war und in seiner Freude über das Wiedersehen mit allen alten Freunden nicht an Klein-Nora gedacht hatte, sprach sein Vater zu ihm, er sei nun alt und wolle gern, daß sein Sohn bald heirate. So wurde beschlossen, daß er sich mit einer Prinzessin vermählen solle, die im nächsten Königsschloß lebte. – Klein-Nora aber war vergessen.
Nun sollte einer von den Hofleuten des Königs zu dem anderen Königsschloß geschickt werden und um die Prinzessin anhalten. Aber es wurde spät, bevor er zurückkam, so daß es dunkel war, als er dorthin kam, wo Klein-Nora lebte. Er trat bei ihr ein und bat um Herberge für die Nacht. Die wurde ihm gern gewährt. Und nachdem das Abendbrot verzehrt war, bereitete sie dem Herrn sein Lager in der äußeren Kammer, sie selbst aber schlief in der inneren. Als sie sich schon hingelegt hatten, rief sie ihm zu, sie habe vergessen, die Rauchklappe in seiner Kammer zu schließen. Ob er wohl so gut sein wollte, das zu tun?
Ja, gewiß wollte er das. Er stand auf und schloß die Rauchklappe, dann aber vermochte er die Schnur nicht wieder loszulassen, sondern mußte die ganze Nacht im Hemd dastehen und die Rauchklappenschnur halten, denn er schämte sich, Klein-Nora zu bitten, daß sie kommen und ihn befreien solle. Als der Morgen graute, konnte er

loslassen, und da blieb ihm nichts anderes übrig, als sich anzukleiden. Als Klein-Nora herauskam und ihm einen guten Morgen wünschte, fragte sie, ob er gut geschlafen habe.

»Ja«, antwortete der Herr, denn er wollte nicht sagen, daß er die ganze Nacht an der Rauchklappe gestanden hatte.

Einige Zeit darauf sollte ein anderer Herr zum Nachbarschloß geschickt werden, um zu vereinbaren, wann die Hochzeit stattfinden könne. Als er zurückkam, war es spät, daher ging er zu Klein-Nora hinein und fragte, ob er über Nacht dort bleiben dürfe. Er wurde freundlich aufgenommen und sollte in der äußeren Kammer schlafen. Nachdem sie sich niedergelegt hatten, rief ihn Klein-Nora und bat ihn, ob er nicht ihr Kalb hineintreiben könne, das draußen auf der Wiese herumsprang.

Das wollte er gern, und da es Sommer war, machte er sich nicht die Mühe, sich anzuziehen, denn er würde das Kalb ja schnell hineingetrieben haben. Aber das Kalb wollte nicht hinein, sondern lief fort. Schließlich bekam er es am Schwanz zu fassen und glaubte, daß er es nun wohl hineintreiben könne. Aber es war unmöglich. Das Kalb lief hin und her und im Kreis herum, nur nicht hinein. Schließlich wollte der Herr den Schwanz loslassen, aber siehe da, es ging nicht, sondern er mußte die ganze Nacht mit dem Kalb herumspringen bis zum Morgengrauen. Da konnte er es loslassen, und nun eilte er ganz erschöpft hinein und kleidete sich an. Als dann Klein-Nora herauskam, fragte sie ihn, ob er gut geschlafen habe.

»Ja«, sagte er. Und nach dem Frühstück fuhr er von dannen und erzählte niemandem, wie es ihm ergangen war.

Einige Zeit darauf sollte der Königssohn selbst losfahren, um mit der Prinzessin bekannt zu werden, die er heiraten sollte. Da er aber vor das Haus kam, wo Klein-Nora wohnte, ging es dort bergan, und es war den Pferden ganz unmöglich, den Wagen den Abhang hinaufzuziehen. Da sagte der Herr, der das Kalb am Schwanz gehalten hatte, in jenem Hause wohne ein Mädchen, das habe ein Kalb, das so stark sei, daß es sicher den Wagen den Abhang hinaufziehen könne, wenn sie es nur leihen dürften. Da sagte der Königssohn, er solle hingehen und darum bitten, das Kalb leihen zu dürfen. Der Herr ging nun hinein und bat darum, aber Nora antwortete, sie bekämen es nur, wenn der Königssohn selber käme und darum bäte. Das fand dieser recht ärgerlich, aber da es keinen anderen Ausweg gab, mußte er es wohl tun. Als der Königssohn eintrat, saß Klein-Nora mit dem Rücken zur Tür und fütterte ein Taubenpärchen. Sie legte dem Weibchen zehn Erbsen hin und dem Männchen zwanzig. Aber das Männchen fraß schneller und wollte noch von den Erbsen des Weibchens haben. Da schlug Klein-Nora nach ihm und sagte: »Betrügst du dein Weib, so wie der Königssohn es mit Klein-Nora tat?«

Das wiederholte sich mehrere Male. Es fiel ihr nicht ein, dem Königssohn auf seine Fragen zu antworten, und sie tat, als sähe sie ihn nicht. Schließlich trat der Königssohn an sie heran, und als er ihr ins Angesicht schaute, erkannte er Klein-Nora und erinnerte sich, daß sie es gewesen war, die ihm von der Meerfrau weggeholfen hatte und daß er sie so sehr liebte.

Und nun fuhr er erst gar nicht zu der anderen Prinzessin, sondern er setzte Klein-Nora in seinen Wagen, kehrte mit ihr heim zu seinen Eltern und erzählte ihnen, daß sie es gewesen war, die ihm geholfen hatte. Er liebe nur sie, und keine andere wolle er heiraten. Da herrschte große Freude im Schloß, und ihre Hochzeit wurde viele Tage lang mit großer Pracht gefeiert. Als der alte König starb, wurde der Königssohn König und Klein-Nora Königin. Sie bekamen viele Kinder und lebten glücklich miteinander, solange ich etwas von ihnen gehört habe.

LÄUSCHEN UND FLÖHCHEN

Ein Läuschen und ein Flöhchen, die lebten zusammen in einem Haushalte und brauten das Bier in einer Eierschale. Da fiel das Läuschen hinein und verbrannte sich. Darüber fing das Flöhchen an laut zu schreien. Da sprach die kleine Stubentüre:
»Was schreist du, Flöhchen?«
»Weil Läuschen sich verbrannt hat.«
Da fing das Türchen an, entsetzlich zu knarren. Da sprach ein Besenchen in der Ecke: »Was knarrst du, Türchen?«
»Soll ich nicht knarren?

Läuschen hat sich verbrannt,
Flöhchen weint.«

Da fing das Besenchen an, entsetzlich zu kehren. Da kam ein Wägelchen vorbei und sprach: »Was kehrst du, Besenchen?«
»Soll ich nicht kehren?

Läuschen hat sich verbrannt,
Flöhchen weint,
Türchen knarrt.«

Da sprach das Wägelchen: »So will ich rennen«, und fing an, entsetzlich zu rennen. Da sprach das Mistchen, an dem es vorbeirannte:
»Was rennst du, Wägelchen?«
»Soll ich nicht rennen?

Läuschen hat sich verbrannt,
Flöhchen weint,
Türchen knarrt,
Besenchen kehrt.«

Da sprach das Mistchen: »So will ich entsetzlich brennen«, und fing an, in hellem Feuer zu brennen. Da stand ein Bäumchen neben dem Mistchen, das sprach: »Mistchen, warum brennst du?«
»Soll ich nicht brennen?

Läuschen hat sich verbrannt,
Flöhchen weint,
Türchen knarrt,
Besenchen kehrt,
Wägelchen rennt.«

Da sprach das Bäumchen: »So will ich mich schütteln«, und fing an, sich zu schütteln, daß alle seine Blätter abfielen. Das sah ein Mädchen, das mit seinem Wasserkrügelchen herankam, und sprach: »Bäumchen, was schüttelst du dich?«
»Soll ich mich nicht schütteln?

Läuschen hat sich verbrannt,
Flöhchen weint,
Türchen knarrt,
Besenchen kehrt,
Wägelchen rennt,
Mistchen brennt.«

Da sprach das Mädchen: »So will ich mein Wasserkrügelchen zerbrechen«, und zerbrach das Wasserkrügelchen. Da sprach das Brünnlein, aus dem das Wasser quoll: »Mädchen, was zerbrichst du dein Wasserkrügelchen?«
»Soll ich mein Wasserkrügelchen nicht zerbrechen?

Läuschen hat sich verbrannt,
Flöhchen weint,
Türchen knarrt,
Besenchen kehrt,
Wägelchen rennt,
Mistchen brennt,
Bäumchen schüttelt sich.«

»Ei«, sagte das Brünnchen, »so will ich anfangen zu fließen«, und fing an, entsetzlich zu fließen, und in dem Wasser ist alles ertrunken, das Mädchen, das Bäumchen, das Mistchen, das Wägelchen, das Besenchen, das Türchen, das Flöhchen, das Läuschen, alles miteinander.

DIE BOHNE

Es waren einmal ein Hähnchen und ein Hühnchen. Das Hähnchen scharrte im Sand und fand eine Bohne.
»Gack-gack-gack, Hühnchen, friß die Bohne«, sagte es.
»Gack-gack-gack, Hähnchen, friß du sie selber.«
Das Hähnchen schluckte die Bohne, und sie blieb ihm – o weh! – im Halse stecken. Da rief es das Hühnchen: »Lauf geschwind zum Fluß, liebes Hühnchen, und bring mir etwas Wasser zum Trinken.«
Das Hühnchen lief, so rasch es konnte.
»Fluß, lieber Fluß, gib mir ein wenig Wasser. Dem Hähnchen ist eine Bohne im Halse steckengeblieben.«
Der Fluß sprach: »Geh zur Linde und laß dir ein Blatt von ihr geben, dann sollst du das Wasser haben.«
Das Hühnchen rannte zur Linde. »Linde, liebe Linde, schenk mir ein Blatt. Das bring ich dem Fluß, und der wird mir Wasser geben für das Hähnchen, dem die Bohne im Halse steckengeblieben ist.«
Doch die Linde sprach: »Geh erst zur Maid und bitte sie um ein Fädchen.«
Das Hühnchen eilte zur Maid. »Maid, liebe Maid, gib mir ein Fädchen. Das Fädchen bring ich der Linde, die gibt mir ein Blatt, das Blatt will der Fluß haben, dann gibt er mir Wasser für das Hähnchen, dem die Bohne im Halse steckengeblieben ist.«
Doch die Maid entgegnete: »Geh erst zu den Kammachern und bitte sie um einen Kamm, sonst gebe ich das Fädchen nicht.«

Das Hühnchen lief zu den Kammachern.

»Kammacher, liebe Kammacher, gebt mir einen Kamm. Den Kamm bring ich der Maid, bekomm dafür das Fädchen, das Fädchen bring ich der Linde, sie schenkt mir ein Blatt, das Blatt will der Fluß haben, dann gibt er mir Wasser für das Hähnchen, dem die Bohne im Halse steckengeblieben ist.«

Doch die Kammacher sprachen: »Geh erst zu den Feinbäckern, hol bei ihnen Brezeln.«

Da rannte das Hühnchen zu den Feinbäckern.

»Feinbäcker, liebe Feinbäcker, gebt mir Brezeln. Die Brezeln bring ich den Kammachern, die Kammacher geben mir einen Kamm, den Kamm trag ich zur Maid, die Maid schenkt mir das Fädchen, das Fädchen bring ich der Linde, die Linde gibt mir ein Blatt, das Blatt will der Fluß haben, dann gibt er mir Wasser für das Hähnchen, dem die Bohne im Halse steckengeblieben ist.«

Die Feinbäcker sprachen: »Geh zu den Holzfällern, sie sollen uns Holz zum Feuern geben.«

Das Hühnchen lief zu den Holzfällern.

»Holzfäller, liebe Holzfäller, gebt Holz her. Das Holz bring ich den Feinbäckern, die Feinbäcker geben mir Brezeln, die Brezeln trag ich zu den Kammachern, die Kammacher geben mir einen Kamm, den Kamm bring ich der Maid, die Maid gibt mir ein Fädchen, das Fädchen trag ich zur Linde, die Linde gibt mir ein Blatt, das Blatt bring ich dem Fluß, dann wird er mir Wasser geben für das Hähnchen, dem die Bohne im Halse steckengeblieben ist.«

Da gaben die Holzfäller dem Hühnchen Holz.

Und es lief mit dem Holz zu den Feinbäckern, die gaben ihm Brezeln, die Brezeln brachte es den Kammachern und bekam von ihnen einen Kamm, den Kamm brachte es zur Maid, und die Maid gab ein Fädchen, das Fädchen trug es zur Linde, und die Linde schenkte ein Blatt, das Blatt brachte es zum Fluß, und der Fluß gab Wasser her. Das Hähnchen trank das Wasser, und die Bohne rutschte herunter. Da krähte das Hähnchen laut und zufrieden: »Kikeriki!«

DER IGEL

Es waren einmal ein Bauer und seine Frau. Sie hatten keine Kinder, und darüber waren sie sehr traurig. Eines Tages war der Bauer im Wald gewesen, und dort sah er einen Igel; den nahm er mit nach Hause und sagte zu seiner Frau: »Hier bekommst du diesen, weil wir keine Kinder haben!« Und die Frau gab ihm Milch und einige Lumpen in der Ofenecke, um darauf zu liegen, und so blieb er bei ihnen den ganzen Winter. Im nächsten Frühling kam der Bauer eines Tages herein und sagte: »Ich weiß nicht, wen ich bekommen kann, der die Schafe dieses Jahres hüten will.«

»Das werde ich tun«, sagte der Igel.

»Dazu bist du doch allzu klein, das kannst du gar nicht tun«, antwortete der Bauer.

»Laß mich doch versuchen«, sagte der Igel.

So trieb er dann die Schafe auf jene Weide, von der niemand anders wußte, und sie wurden so groß und dick, wie man nie vorher solche Schafe gesehen hatte. Dann kam ein Graf und fuhr durch den Wald, wo der Igel mit seinen Schafen ging, und als er die großen, dicken Schafe sah, sagte er zu einigen von seinen Knechten: »Solche Schafe habe ich nie vorher gesehen, wir wollen ein paar von ihnen mitnehmen, und wenn ich erfahre, wem sie gehören, will ich ihm dafür so viel bezahlen, wie er haben möchte.« Als der Igel dieses hörte, dort, wo er im Gras lag, so daß man ihn nicht sehen konnte, rief er: »Stökke und Steine werden auf den fallen, der meine Schafe nimmt.« Und dann fing der Wald an zu krachen und zu lärmen, so daß der Graf und seine Leute solche Angst bekamen, daß sie nicht wußten, was sie tun sollten. Da sagte aber der Graf: »Wer du auch immer bist,

laß mich nur mit meinem Leben davonkommen, du sollst gern meine jüngste Tochter bekommen.«
»Halt Wort damit, ab heute noch drei Jahre«, antwortete der Igel. Der Graf versprach es, und so wurde es still im Wald, und er fuhr weiter.
Im Herbst kam der Igel mit den Schafen nach Hause, und nie hatte der Bauer solche Schafe gesehen. Er wurde darüber so froh und dankte dem Igel und wußte nicht, wie er ihm deswegen Gutes tun könnte. Er machte ihm ein kleines Bett zum Liegen, und darein legte die Frau ein Kissen, und er bekam es so gut. Und so ging der Winter vorbei. Als der Frühling kam, sagte der Bauer eines Tages: »Jetzt weiß ich nicht, wen ich bekommen kann, der mit meinen Ochsen weiden geht.«
»Das werde ich tun«, sagte der Igel.
»Ja«, sagte der Bauer, »gewiß konntest du die Schafe gut hüten, aber die Ochsen sind so groß, die kannst du nicht weiden.«
»Doch«, sagte der Igel, »laß mich nur versuchen!«
Das durfte er dann, und so trieb er sie auf jene Weide, von der niemand anders wußte, und die Ochsen wurden so dick und groß, wie niemand solche Ochsen vorher gesehen hatte. So kam eines Tages ein Herzog und fuhr durch den Wald, wo der Igel mit seinen Ochsen war. Als er die Ochsen sah, die so dick waren, wie er noch nie welche gesehen hatte, wunderte er sich, wem sie wohl gehörten, aber als er niemand sah, denn den Igel, der unter den Büschen lag, sah er nicht, so sagte er zu seinen Leuten, daß sie gehen sollten, um ein paar von den schönsten Ochsen zu fangen, denn wenn er erführe, wem sie gehörten, wollte er dafür so viel bezahlen, wie der nur haben möchte. Als der Igel dieses hörte, rief er: »Stöcke und Steine werden über den fallen, der meine Ochsen nehmen will!« Und es wurde im Wald ein so schreckliches Krachen und Lärmen, daß man es von weitem hörte, und der Herzog und seine Leute bekamen solche Angst, daß sie nicht wußten, was sie tun sollten. Da sagte der Herzog: »Ach, wer du auch immer bist, laß uns nur mit dem Leben

davonkommen, du sollst gern meine jüngste Tochter bekommen.«
»Halt Wort damit, ab heute noch zwei Jahre«, sagte der Igel. Der Herzog versprach es, und so wurde es still im Wald und sie konnten wegfahren.
Als der Herbst kam, trieb der Igel die Ochsen nach Hause, und der Bauer konnte ihm dafür nicht genug danken, denn solche Ochsen hatte niemand vorher gesehen. Die Frau gab ihm oft Eier, denn solche mochte er so gern essen. So verging der Winter, und der Frühling kam. »Wenn ich nur wüßte, wen ich bekommen kann, der meine Pferde im Sommer weiden will.«
»Das werde ich tun«, sagte der Igel.
»Gewiß hast du Schafe und Ochsen weiden können, und besser als jemand anders es gemacht hätte, aber Pferde, die sowohl groß wie unbändig sind, die kannst du nicht weiden.«
»Doch, laß mich nur versuchen«, sagte der Igel.
Das durfte er dann, und er trieb sie auf jene Weide, von der niemand anders wußte, und sowohl die alten Pferde wie die Fohlchen wurden groß und dick. Nie hatte jemand so schöne Pferde vorher gesehen. Da kam eines Tages ein König und ging den Weg dahin, wo der Igel die Pferde weidete. Und als der König sie sah, war er ganz erstaunt, denn keines von seinen Pferden war bei weitem so schön und dick wie die, die dort gingen, und man konnte niemanden sehen, der über sie wachte, denn er sah den Igel nicht, der zwischen Gras und Büschen kroch, und er hätte auch nicht glauben können, daß er die großen, dicken Pferde weidete. Und der König wollte so gern einige von ihnen haben, daß er zu seinen Leuten sagte, daß sie dahin gehen und ein paar nehmen und mitbringen sollten. Wenn er aber erführe, wem sie gehörten, wollte er gern so viel bezahlen, wie der haben wollte. Als sie aber einige von den Pferden zu nehmen versuchten, rief der Igel: »Stöcke und Steine werden über den fallen, der meine Pferde nehmen will!« Und es wurde so ein schreckliches Krachen und Lärmen in dem Wald laut, daß sie glaubten, daß der ganze Wald auf sie fallen würde, und sie bekamen solche Angst, daß sie

nicht wußten, was sie tun sollten. Da rief der König: »Wer immer du bist, wenn du uns mit dem Leben davonkommen läßt, so sollst du gern meine jüngste Tochter haben.«
»Halt Wort damit, ab heute noch ein Jahr«, sagte der Igel, und als der König es versprochen hatte, wurde es ganz still im Wald, und sie durften davonfahren und waren froh, daß sie nicht totgeschlagen waren.
Als der Sommer vorbei war und die Pferde nicht mehr auf der Weide sein konnten, trieb der Igel sie nach Hause, aber der Bauer erkannte seine Pferde nicht, so groß und schön waren sie jetzt, und niemand hatte vorher solch schöne Pferde gesehen. Sowohl der Bauer wie die Bäuerin waren sehr froh und taten alles, was sie nur konnten für den Igel, und so blieb er auch diesen Winter da. Als es aber wieder Sommer war, sagte er zu dem Bauern: »Jetzt will ich fortgehen.«
Ja, der Bauer fand es traurig, aber da er nicht mehr dableiben wollte, konnte er ihn nicht zurückhalten, sondern fragte nur, ob er nicht etwas für ihn machen könnte, was er gern haben möchte. »Doch«, sagte der Igel, »willst du mir eine große Topfkelle und zwei schöne Hähne geben?« Ja, das sollte er gern bekommen. So spannte er die Hähne an die Topfkelle, nahm von dem Vater und der Mutter Abschied und fuhr weg, und die Hähne liefen und schlugen mit den Flügeln. Und so kam er dorthin, wo der Graf wohnte, da stand die jüngste Tochter auf der Treppe und weinte zum Erbarmen.
»Warum weinst du«, sagte der Igel.
»Ich mag schon weinen«, sagte die Jungfrau, »ich, die ich so einen Tropf wie dich als Mann bekommen soll.«
»Deswegen brauchst du nicht zu weinen«, sagte der Igel, »denn ich will dich nicht haben, so schrecklich wie du weinst. Geh hinein zu deinem Vater und sag ihm, daß ich wegfahren werde, wenn er mir meine Topfkelle halbvoll mit Goldmünzen füllt.« Sie versprach es und lief hinein zu ihrem Vater, der gern die Goldmünzen geben wollte; sie legten sie in die Kelle, der Igel setzte sich darauf und fuhr weg. Dann kam er zu dem Hofe des Herzogs, wo es auf dieselbe

Weise ging; die Jungfrau stand auf der Treppe und weinte, und als er fragte, warum, sagte sie: »Mag ich nicht weinen und jämmerlich sein, ich, die ich so einen schlimmen Tropf wie dich als Mann haben soll.«
»Darüber brauchst du nicht zu weinen«, sagte der Igel, »denn ich will dich gar nicht als Frau haben, so wie du weinst und aussiehst. Sag deinem Vater, daß, wenn er mir meine Kelle voll mit Goldmünzen füllt, so werde ich wegfahren.« Ja, sie eilte sich, so zu tun, und der Herzog gab gern das Geld, um den Igel nicht als Schwiegersohn zu haben; sie legten die Kelle voll mit Goldmünzen, der Igel setzte sich darauf und fuhr weg. Und so fuhr er nach dem Königshof.
Als er dorthin kam, stand die Prinzessin auf der Treppe, und sie war schön wie der Tag; als sie ihn kommen sah und wie die Hähne liefen und mit den Flügeln schlugen, fand sie, daß es so lustig aussah, daß sie zu lachen begann, und als er anhielt, lief sie zu ihm heraus, hob ihn auf und küßte ihn. Und da wurde er der schönste Prinz, denn er war vorher verzaubert worden, und davon konnte er nicht loskommen, bevor eine Jungfrau ihn aus eigenem Willen küßte. Aber jetzt müßt ihr glauben, daß es eine Hochzeit wurde, die groß war und viele Tage dauerte. Und als die Hochzeit zu Ende war, fuhren sowohl der Prinz wie die Prinzessin zu dem Bauern und seiner Frau und dankten ihnen dafür, daß sie so freundlich gegen ihn gewesen waren, als er ein Igel war. Dann gab er ihnen alle die Goldmünzen, die er von dem Grafen und dem Herzog bekommen hatte. Als der König starb, wurde er selbst König, und sie lebten glücklich lange, lange Zeit.

DAS BLAUE BAND

Es war einmal ein Mann, der war sehr arm und krank dazu. Als er nun fühlte, daß er sterben sollte, rief er seine Schwester an sein Bett und sprach zu ihr: »Liebe Schwester, ich fühle, daß es mit mir zu Ende geht; nun würde ich ruhig und ohne Sorge sterben, wenn ich nur wüßte, daß es meinem Sohn Hans nach meinem Tode gut ginge. Ich kann ihm nichts hinterlassen, was ihn vor Not schützen könnte, aber wenn ich gestorben bin, so geh du mit ihm zu unserem älteren Bruder, der jenseits des großen Waldes in einem Dorfe wohnt. Das ist ein wohlhabender Mann, und er ist immer brüderlich gegen mich gesinnt gewesen; der wird für ihn sorgen.«

Darauf starb der Mann, und als er begraben war, begab die Frau sich mit dem Hans auf den Weg, wie ihr verstorbener Bruder ihr befohlen hatte. Aber die Frau haßte den Jungen und war ihm feind auf alle Weise. Hans aber war ein guter Junge und schon ziemlich erwachsen. Als sie nun eine gute Strecke gegangen waren, lag da ein blaues Band am Wege. Hans bückte sich und wollte es aufnehmen, aber die Frau sprach: »Laß doch das alte Band liegen; was willst du damit?« Hans aber dachte: Wer weiß, wozu es gut ist! Es wäre doch wirklich schade, wenn das schmucke Band hier liegenbliebe; nahm es also mit und band es heimlich, damit seine Muhme es nicht gewahr würde, unter seiner Jacke um den Arm. Da ward er nun so stark, daß niemand, solange er das Band trug, ihm etwas anhaben konnte, und alle ihn fürchten mußten.

Nun gingen sie weiter und kamen in den großen Wald, und nachdem sie lange darin herumgewandert waren, gelangten sie an eine Höhle. Da stand ein gedeckter Tisch, besetzt mit herrlichen Speisen und silbernen Schüsseln. Hans sprach: »Da kommen wir just zur rechten Zeit, mich hungerte schon lange; ich will mich erst einmal hier satt essen, das Essen scheint gut zu sein.« Nun setzten sie sich nieder und aßen und tranken nach Herzenslust. Als sie eben gegessen hatten, kam der große Riese, dem die Höhle gehörte, nach Hause; er war aber ganz freundlich und sprach: »Das ist recht, daß ihr schon zugelangt und nicht erst auf mich gewartet habt; wenn's euch hier gefällt, so könnt ihr gerne für immer bei mir in der Höhle bleiben.« Und zu der Frau sagte er, daß sie seine Frau werden könnte. Sie sagten beide ja dazu, und nun lebten sie ganz vergnügt eine Zeitlang bei dem Riesen in der Höhle.

Der Riese gewann Hans von Tage zu Tage lieber; aber seine Muhme haßte ihn noch immer, und als sie merkte, wie stark er geworden war, ward sie noch grimmiger und sprach eines Tages zu dem Riesen: »Siehst du wohl, wie stark Hans ist? Er kann doch für uns gefährlich werden, je älter er wird und je mehr er an Kräften zunimmt. Dann kann es leicht soweit kommen, daß er uns totschlägt, damit er die Höhle allein hat, oder daß er uns auch hinausjagt. Es wäre besser und klug von dir, wenn du dich beizeiten vorsähest und bei Gelegenheit ihn über die Seite schafftest.« Aber der Riese antwortete: »Sprich mir doch nicht so etwas vor! Hans ist ein guter Junge und wird uns nichts zuleide tun; ich werde ihm kein Haar krümmen, es würde mir übel anstehen.«

Als die Frau nun sah, daß der Riese nicht dazu zu bewegen war, legte sie sich den andern Tag aufs Bett und stellte sich krank. Dann rief sie den Jungen und sprach: »Lieber Hans, ich bin so krank, daß ich gewiß sterben werde. Aber ein Mittel gibt es noch, das mich retten kann. Mir hat geträumt, daß, wenn ich von der Milch der Löwin, die hier nicht weit von uns ihre Höhle hat, einen Trunk erhalten könnte, ich gewiß genesen würde. Wenn du mich lieb hast, so könntest du mir helfen; du bist ja so stark und fürchtest dich nicht, du könntest hingehen und mir etwas Milch holen.«

»Jawohl, liebe Muhme«, antwortete Hans, »das will ich gerne tun, wenn ich nur weiß, daß es dir helfen wird.« Nahm also einen Napf und ging in die Höhle der Löwin. Die lag da mit ihren Jungen und säugte sie. Hans aber legte die Jungen beiseite und fing an zu melken; das litt die Löwin ganz ruhig. Da aber kam der alte Löwe mit Gebrüll in die Höhle und fiel Hans von hinten an. Aber schnell wandte Hans sich um, nahm den Hals des Löwen unter den Arm und drückte ihn so fest an sich, daß er jämmerlich zu winseln anfing und ganz zahm ward. Da ließ Hans los. Der Löwe legte sich in die Ecke, und Hans molk weiter, bis die Schale voll war. Als er nun die Höhle verließ, sprang die Löwin hinter ihm her mit ihren Jungen, und bald folgte auch der alte Löwe ihnen. So kam er zu seiner Muhme und brachte ihr die Milch; sie erschrak sich aber so vor den Löwen, daß sie rief: »Hans, bringe doch die wilden Tiere hinaus, sonst sterbe ich noch vor Angst.« Da gingen die Tiere von selbst hinaus, aber legten sich vor die Tür, und wenn Hans hinauskam, so sprangen sie auf ihn zu und freuten sich.

Da nun dieser Anschlag der bösen Muhme so mißlungen war, sprach sie wieder zu dem Riesen: »Wärst du gleich meinem Rate gefolgt, so hätten wir nun nichts mehr zu fürchten; jetzt aber steht's noch schlimmer als vorher, und da er nun die Tiere hat, werden wir so leicht ihm nichts anhaben können.« Der Riese antwortete: »Ich weiß auch nicht, warum wir ihm etwas tun wollten. Hans ist ja gut, und die Tiere sind zahm; ich möchte nicht Hand anlegen.« Aber die Muhme sagte: »Es könnte ihm doch leicht in den Sinn kommen, uns zur Höhle hinauszujagen oder gar totzuschlagen, um selber darin Herr zu sein. Ich kann nicht glücklich sein, solange ich das fürchten muß.«

Nach einiger Zeit legte die Frau sich aufs Bett und sagte wieder, sie sei krank. Sie rief den Jungen zu sich und sprach: »Ich habe wieder einen Traum gehabt, daß, wenn ich ein paar von den Äpfeln essen könnte, die in dem Garten der drei Riesen wachsen, ich wieder gesund werden würde; sonst, fühle ich, muß ich sterben.«

Hans sagte: »Liebe Muhme, weil dir so große Not drum ist, so will ich wohl zu den Riesen gehen und dir ein paar Äpfel holen.« Er nahm nun einen Sack und machte sich sogleich auf den Weg, und die Löwen sprangen alle hinter ihm drein; die böse Muhme aber dachte, daß er dieses Mal ganz gewiß nicht wiederkommen würde. Hans ging geradeswegs in den Garten und pflückte seinen Sack voll Äpfel, und als er das getan, aß er selber auch einige; aber danach verfiel er sogleich in einen tiefen Schlaf und sank unter dem Baume nieder. Das kam allein von den Äpfeln, die diese Kraft hatten. Wären nun nicht die treuen Löwen bei ihm gewesen, so wäre es wohl um ihn geschehen. Denn sogleich stürmte ein großer Riese durch den Garten daher und rief: »Wer hat hier unsere Äpfel gestohlen?« Hans schlief noch und antwortete nicht. Als ihn aber der Riese sah, lief er zornig auf ihn zu und wollte ihm den Rest geben, aber da sprangen die Löwen auf, fielen den Riesen an, und in kurzer Zeit hatten sie ihn zerrissen. Nun kam gleich der zweite Riese und rief auch: »Wer hat hier unsere Äpfel gestohlen?« und da er auf Hans los wollte, sprangen die Löwen auch auf ihn ein und zerrissen ihn. Danach kam der dritte Riese und rief: »Wer stiehlt hier unsre Äpfel?« Hans schlief immer noch, aber die Löwen packten auch diesen Riesen und machten auch ihn tot. Nun schlug Hans die Augen auf und ging im Garten umher.

Da kam er bald in die Nähe des Schlosses, wo die Riesen gewohnt hatten, und nun hörte er, wie aus einer tiefen Kellerkammer eine klägliche Stimme hervorkam. Hans stieg hinab; da fand er da eine wunderschöne Prinzessin, die hatten die Riesen ihrem Vater geraubt und hier eingesperrt und mit dicken eisernen Ketten angeschlossen. Hans aber faßte kaum die Ketten an, so sprangen sie entzwei, und er führte die schöne Prinzessin hinauf in die prächtigsten Zimmer des Schlosses. Da sollte sie sich erquicken und solange warten, bis er wiederkäme. Sie aber bat ihn, sie zu begleiten an ihres Vaters Hof. Aber Hans sagte: »Wir können es hier erst noch aushalten; jetzt muß ich hin und meiner Muhme die Äpfel bringen; denn die ist sterbenskrank.« Hans ließ also die Prinzessin auf dem Schlosse, nahm seinen Sack mit den Äpfeln und ging nach der Höhle zurück zu seiner Muhme. Als die ihn kommen sah, wollte sie sich fast tot wundern, daß ihm nichts geschehen sei und er die Äpfel brachte; sie fragte gleich, wie er doch alles habe durchmachen können. »Ja, liebe Muhme«, sagte er, »seit ich das blaue Band trage, das ich nicht mitnehmen sollte, seit der Zeit bin ich so stark, daß niemand mir was anhaben kann; diesmal haben meine Löwen alle die Riesen totgemacht. Nun aber sollt ihr mit mir kommen und diese alte Höhle verlassen. Wir wollen jetzt auf dem Schlosse in Herrlichkeit und in Freuden leben; ich habe da auch eine wunderschöne Prinzessin gefunden, die soll noch bei uns bleiben.«

Die Muhme und der Riese zogen nun mit Hans auf das Schloß, aber als die Muhme all die Herrlichkeit gewahr wurde und sah, wie schön die Prinzessin war, da gönnte sie Hans sein Glück noch weniger als früher. Die Muhme lauerte nur immer auf eine Gelegenheit, Hans beizukommen. Denn nun wußte sie ja, woher er seine Kraft hatte. Als daher eines Tages Hans in seinem Zimmer auf dem Bette lag, sich zu ruhen, und sein Band auf einem Nagel an der Wand über ihm, so schlich sie sich leise herein und stach ihm, ehe er erwachte, beide Augen aus; dann nahm sie ihm das Band, und da Hans nun blind und hilflos war, stieß sie ihn zum Schlosse hinaus und sagte, von nun an wolle sie allein darin Herr sein. Der arme Hans wäre bald verschmachtet, wenn nicht die treuen Löwen die Prinzessin zu ihm geführt hätten. Die zog nun mit ihm fort und führte ihn; denn sie wollte ihres Vaters Reich aufsuchen und hoffte da Heilung für ihren Retter zu finden. Aber der Weg war weit, und lange irrten sie umher. Endlich kamen sie in die Nähe der Stadt, wo der Vater der Prinzessin wohnte. Da sah die Prinzessin einen blinden Hasen vor ihnen über den Weg laufen, und wie er an einen Bach kam, der vorüberfloß, tauchte er dreimal und lief sehend wieder fort. Da führte sie Hans an das Wasser, und wie er sich dreimal untertauchte, konnte auch er sehen wie vorher. Nun gingen sie voller Freuden in die Stadt, und als der alte König erfuhr, daß Hans seine Tochter befreit hätte, wollte er keinen andern Schwiegersohn haben als ihn, und die Prinzessin nahm auch keinen lieber zum Mann als gerade Hans. Als aber seine Muhme das erfuhr, daß Hans sein Gesicht wiederbekommen und die Prinzessin geheiratet hätte, ward sie vor Ärger plötzlich krank, und diesmal war's Ernst, und sie mußte daran. Bald darauf starb auch der Riese. Als man unter ihrem Kopfkissen nachsah, fand man da das blaue Band wieder, und Hans trug es von nun an sein Leben lang und legte es niemals ab. Er folgte später seinem Schwiegervater in der Regierung und war als König weit und breit von allen Feinden sehr gefürchtet, als ein rechter Schutz seines Landes.

DER ARME MÜLLERSBURSCH UND DAS KÄTZCHEN

In einer Mühle lebte ein alter Müller, der hatte weder Frau noch Kinder, und drei Müllersburschen dienten bei ihm. Wie sie nun etliche Jahre bei ihm gewesen waren, sagte er eines Tages zu ihnen: »Ich bin alt und will mich hinter den Ofen setzen. Zieht aus, und wer mir das beste Pferd ins Haus bringt, dem will ich die Mühle geben, und er soll mich dafür bis an meinen Tod verpflegen.« Der dritte von den Burschen war aber der Kleinknecht, der ward von den andern für dumm gehalten, dem gönnten sie die Mühle nicht; und er wollte sie hernach nicht einmal. Da zogen sie alle drei miteinander aus, und als sie vor das Dorf kamen, sagten die zwei zu dem dummen Hans: »Du kannst nur hierbleiben, du kriegst dein Lebtag keinen Gaul.« Hans aber ging doch mit, und als es Nacht war, kamen sie an eine Höhle, da hinein legten sie sich schlafen. Die zwei Klugen warteten, bis Hans eingeschlafen war, dann stiegen sie auf, machten sich fort und ließen Hänschen liegen, und meinten's recht fein gemacht zu haben; ja, es wird euch doch nicht gutgehen! Als nun die Sonne kam und Hans aufwachte, lag er in einer tiefen Höhle. Er guckte sich überall um und rief: »Ach Gott, wo bin ich!« Da erhob er sich und krabbelte die Höhle hinauf, ging in den Wald und dachte: »Ich bin hier ganz allein und verlassen, wie soll ich nun zu einem Pferd kommen!« Indem er so in Gedanken dahinging, begegnete ihm ein kleines buntes Kätzchen, das sprach ganz freundlich: »Hans, wo willst du hin!«

»Ach, du kannst mir doch nicht helfen.«

»Was dein Begehren ist, weiß ich wohl«, sprach das Kätzchen, »du willst einen hübschen Gaul haben. Komm mit mir und sei sieben Jahre lang mein treuer Knecht, so will ich dir einen geben, schöner als du dein Lebtag einen gesehen hast.«

Nun, das ist eine wunderliche Katze, dachte Hans, aber sehen will ich doch, ob das wahr ist, was sie sagt. Da nahm sie ihn mit in ihr verwünschtes Schlößchen und hatte da lauter Kätzchen, die ihr dienten: Die sprangen flink die Treppe auf und ab, waren lustig und guter Dinge. Abends, als sie sich zu Tische setzten, mußten drei Musik machen: Eins strich den Baß, das andere die Geige, das dritte setzte die Trompete an und blies die Backen auf, so sehr es nur konnte. Als sie gegessen hatten, wurde der Tisch weggetragen, und die Katze sagte: »Nun komm, Hans, und tanze mit mir.«

»Nein«, antwortete er, »mit einer Miezekatze tanze ich nicht, das habe ich noch niemals getan.«

»So bringt ihn ins Bett«, sagte sie zu den Kätzchen. Da leuchtete ihm eins in seine Schlafkammer, eins zog ihm die Schuhe aus, eins die Strümpfe, und zuletzt blies eins das Licht aus. Am andern Morgen kamen sie wieder und halfen ihm aus dem Bett. Eins zog ihm die Strümpfe an, eins band ihm die Strumpfbänder, eins holte die Schuhe, eins wusch ihn und eins trocknete ihm mit dem Schwanz das Gesicht ab. »Das tut recht sanft«, sagte Hans.

Er mußte aber auch der Katze dienen und alle Tage Holz kleinmachen; dazu kriegte er eine Axt von Silber, und die Keile und Säge von Silber, und der Schläger war von Kupfer. Nun, da machte er's klein, blieb da im Haus, hatte sein gutes Essen und Trinken, sah aber niemand als die bunte Katze und ihr Gesinde. Einmal sagte sie zu ihm: »Geh hin und mähe meine Wiese und mache das Gras trokken«, und gab ihm von Silber eine Sense und von Gold einen Wetzstein, hieß ihn aber auch alles wieder richtig abliefern. Da ging Hans hin und tat, was ihm geheißen war; nach vollbrachter Arbeit trug er Sense, Wetzstein und Heu nach Haus und fragte, ob sie ihm noch nicht seinen Lohn geben wollte.

»Nein«, sagte die Katze, »du sollst mir erst noch eines tun, da ist Bauholz von Silber, Zimmeraxt, Winkeleisen und was nötig ist, alles von Silber, daraus baue mir erst ein kleines Häuschen.« Da baute Hans das Häuschen fertig und sagte, er habe nun alles getan und habe noch kein Pferd. Doch waren ihm die sieben Jahre herumgegangen wie ein halbes. Fragte die Katze, ob er ihre Pferde sehen wollte? »Ja«, sagte Hans. Da machte sie ihm das Häuschen auf, und wie sie die Türe so aufmacht, da stehen zwölf Pferde, ach, die waren stolz und feurig und glänzten wie Spiegel, daß sich sein Herz im Leibe darüber freute. Nun gab sie ihm zu essen und zu trinken und sprach: »Geh heim, dein Pferd geb ich dir nicht mit. In drei Tagen aber komm ich und bringe dir's nach.« Also machte Hans sich auf, und sie zeigte ihm den Weg zur Mühle. Sie hatte ihm aber nicht einmal ein neues Kleid gegeben, sondern er mußte sein altes lumpiges Kittelchen behalten, das er mitgebracht hatte und das ihm in den sieben Jahren überall zu kurz geworden war. Wie er nun heimkam, so waren die beiden andern Müllerburschen auch wieder da. Jeder hatte zwar sein Pferd mitgebracht, aber das Pferd des einen war blind, das des andern lahm. Die fragten: »Hans, wo hast du dein Pferd?«

»In drei Tagen wird's nachkommen.«

Da lachten sie und sagten: »Ja, du Hans, wo willst du ein Pferd herkriegen, das wird was Rechtes sein!« Hans ging in die Stube, der Müller sagte aber, er sollte nicht an den Tisch kommen, er wäre so zerrissen und zerlumpt, man müßte sich schämen, wenn jemand hereinkäme. Da gaben sie ihm ein bißchen Essen hinaus, und wie sie abends schlafen gingen, wollten ihm die zwei andern kein Bett geben, und er mußte endlich ins Gänseställchen kriechen und sich auf hartes Stroh legen.

Am Morgen, wie er aufwacht, sind schon die drei Tage herum, und es kommt eine Kutsche mit sechs Pferden, ei, die glänzten, daß es zu schön war, und ein Bedienter, der brachte noch ein siebentes, das war für den armen Müllerburschen. Aus der Kutsche aber stieg eine prächtige Königstochter und ging in die Mühle hinein, und die Königstochter war das kleine bunte Kätzchen, dem der arme Hans sieben Jahre gedient hatte. Sie fragte den Müller, wo der Mahlbursch, der Kleinknecht wäre? Da sagte der Müller: »Den können wir nicht in die Mühle nehmen, der ist so zerlumpt und liegt im Gänsestall.« Da sagte die Königstochter, sie sollten ihn gleich holen. Also holten sie ihn heraus, und er mußte sein Kittelchen zusammenpacken, um sich zu bedecken. Da schnallte der Bediente prächtige Kleider aus, und Hans mußte sich waschen und anziehen, und als er fertig war, konnte kein König schöner aussehen. Danach verlangte die Jungfrau die Pferde zu sehen, welche die andern Mahlknechte mitgebracht hatten, eins war blind, das andere lahm. Da ließ sie den Bedienten das siebente Pferd bringen. Als der Müller das sah, sprach er, so eins wär ihm noch nicht auf den Hof gekommen. »Und das ist für den dritten Mahlbursch«, sagte sie. »Da muß er die Mühle haben«, sagte der Müller, die Königstochter aber sprach, da wäre das Pferd, er sollte seine Mühle auch behalten. Und nimmt ihren treuen Hans und setzt ihn in die Kutsche und fährt mit ihm fort. Sie fahren zuerst nach dem kleinen Häuschen, das er mit dem silbernen Werkzeug gebaut hat, da ist es ein großes Schloß, und ist alles darin von Silber und Gold; und da hat sie ihn geheiratet, und er war reich, so reich, daß er für sein Lebtag genug hatte. Darum soll keiner sagen, daß jemand, der dumm zu sein scheint, deshalb nichts Rechtes werden könne.

MÄRCHEN VON EINEM, DER AUSZOG, DAS FÜRCHTEN ZU LERNEN

Ein Vater hatte zwei Söhne, davon war der älteste klug und gescheit und wußte sich wohl zu schicken, der jüngste aber war dumm, konnte nichts begreifen und lernen, und wenn ihn die Leute sahen, sprachen sie: »Mit dem wird der Vater noch eine Last haben!« Wenn nun etwas zu tun war, so mußte es der älteste allzeit ausrichten; hieß ihn aber der Vater noch spät oder gar in der Nacht etwas zu holen, und der Weg ging dabei über den Kirchhof oder sonst einen schaurigen Ort, so antwortete er wohl: »Ach nein, Vater, ich gehe nicht dahin, es gruselt mir!«, denn er fürchtete sich. Oder, wenn abends beim Feuer Geschichten erzählt wurden, wobei einem die Haut schaudert, so sprachen die Zuhörer manchmal: »Ah, es gruselt mir!« Der Jüngste saß in einer Ecke und hörte das mit an und konnte nicht begreifen, was es heißen sollte. »Immer sagen sie: Es gruselt mir! Es gruselt mir! Mir gruselt's nicht; das wird wohl eine Kunst sein, von der ich auch nichts verstehe.«

Nun geschah es, daß der Vater einmal zu ihm sprach: »Hör du, in der Eck' dort, du wirst groß und stark, du mußt auch etwas lernen, womit du dein Brot verdienst. Siehst du, wie dein Bruder sich Mühe gibt, aber an dir ist Hopfen und Malz verloren.«

»Ei, Vater«, antwortete er, »ich will gerne etwas lernen; ja, wenn's anginge, so möchte ich lernen, daß mir's gruselte; davon verstehe ich noch gar nichts.« Der älteste lachte, als er das hörte und dachte bei sich: Du lieber Gott, was ist mein Bruder ein Dummbart, aus dem wird sein Lebtag nichts; was ein Häkchen werden will, muß sich beizeiten krümmen. Der Vater seufzte und antwortete ihm: »Das Gruseln, das sollst du schon lernen, aber dein Brot wirst du damit nicht verdienen.«

Bald danach kam der Küster zu Besuch ins Haus, da klagte ihm der Vater seine Not und erzählte, wie sein jüngster Sohn in allen Dingen so schlecht beschlagen wäre, er wüßte nichts und lernte nichts. »Denkt Euch, als ich ihn fragte, womit er sein Brot verdienen wollte, hat er gar verlangt, das Gruseln zu lernen.«
»Wenn's weiter nichts ist«, antwortete der Küster, »das kann er bei mir lernen; tut ihn nur zu mir, ich werde ihn schon abhobeln.« Der Vater war es zufrieden, weil er dachte: Der Junge wird doch ein wenig zugestutzt. Der Küster nahm ihn also ins Haus, und er mußte die Glocken läuten. Nach ein paar Tagen weckte er ihn um Mitternacht, hieß ihn aufstehen, in den Kirchturm steigen und läuten. Du sollst schon lernen, was Gruseln ist, dachte er, ging heimlich voraus, und als der Junge oben war und sich umdrehte und das Glockenseil fassen wollte, so sah er auf der Treppe, dem Schalloch gegenüber, eine weiße Gestalt stehen. »Wer da?« rief er, aber die Gestalt gab keine Antwort, regte und bewegte sich nicht. »Gib Antwort«, rief der Junge, »oder mache, daß du fortkommst, du hast hier in der Nacht nichts zu schaffen.« Der Küster aber blieb unbeweglich stehen, damit der Junge glauben sollte, es wäre ein Gespenst. Der Junge rief zum zweitenmal: »Was willst du hier? Sprich, wenn du ein ehrlicher Kerl bist, oder ich werfe dich die Treppe hinab.« Der Küster dachte: Das wird so schlimm nicht gemeint sein, gab keinen Laut von sich und stand, als wenn er von Stein wäre. Da rief ihn der Junge zum drittenmal an, und als das auch vergeblich war, nahm er einen Anlauf und stieß das Gespenst die Treppe hinab, daß es zehn Stufen hinabfiel und in einer Ecke liegenblieb. Darauf läutete er die Glocke, ging heim, legte sich ohne ein Wort zu sagen ins Bett und schlief sofort. Die Küsterfrau wartete lange Zeit auf ihren Mann, aber er wollte nicht wiederkommen. Da wird ihr endlich angst, sie weckt den Jungen und fragte: »Weißt du nicht, wo mein Mann geblieben ist? Er ist vor dir auf den Turm gestiegen.«
»Nein«, antwortete der Junge, »aber da hat einer dem Schalloch gegenüber auf der Treppe gestanden, und weil er keine Antwort ge-

ben und nicht weggehen wollte, so habe ich ihn für einen Spitzbuben gehalten und hinuntergestoßen. Geht nur hin, so werdet Ihr sehen, ob er's gewesen ist, es sollte mir leid tun.« Die Frau sprang fort und fand ihren Mann, der in einer Ecke lag und jammerte und ein Bein gebrochen hatte.

Sie trug ihn herab und eilte dann mit lautem Geschrei zu dem Vater des Jungen. »Euer Junge«, rief sie, »hat ein großes Unglück angerichtet, meinen Mann hat er die Treppe hinabgeworfen, daß er ein Bein gebrochen hat; schafft den Taugenichts aus unserem Hause.« Der Vater erschrak, kam herbeigelaufen und schalt den Jungen aus. »Was sind das für gottlose Streiche, die muß dir der Böse eingegeben haben.«

»Vater«, antwortete er, »hört nur an, ich bin ganz unschuldig; er stand da in der Nacht wie einer, der Böses im Sinne hat. Ich wußte nicht, wer's war und habe ihn ermahnt zu reden oder wegzugehen.«

»Ach«, sprach der Vater, »mit dir erleb ich nur Unglück, geh mir aus den Augen, ich will dich nicht mehr ansehen.«

»Ja, Vater, recht gerne, wartet nur, bis Tag ist, da will ich ausgehen und das Gruseln lernen, so versteh ich doch eine Kunst, die mich ernähren kann.«

»Lerne, was du willst«, sprach der Vater, »mir ist alles einerlei. Da hast du fünfzig Taler, damit geh in die weite Welt und sage keinem Menschen, wo du her bist und wer dein Vater ist, denn ich muß mich deiner schämen.«

»Ja, Vater, wie Ihr's haben wollt, wenn Ihr nicht mehr verlangt, das kann ich leicht in acht behalten.«

Als nun der Tag anbrach, steckte der Junge seine fünfzig Taler in die Tasche, ging hinaus auf die Landstraße und sprach immer vor sich hin: »Wenn mir's nur gruselte! Wenn mir's nur gruselte!« Da kam ein Mann heran, der hörte das Gespräch, das der Junge mit sich selber führte, und als sie ein Stück weiter waren, daß man den Galgen sehen konnte, sagte der Mann zu ihm: »Siehst du, dort ist der Baum, wo siebene mit des Seilers Tochter Hochzeit gehalten haben und jetzt das Fliegen lernen; setz dich darunter und warte bis die Nacht kommt, so wirst du schon das Gruseln lernen.«

»Wenn weiter nichts dazugehört«, antwortete der Junge, »das ist leicht getan; lerne ich aber so geschwind das Gruseln, so sollst du meine fünfzig Taler haben, komm nur morgen früh wieder zu mir.« Da ging der Junge zu dem Galgen, setzte sich darunter und wartete, bis der Abend kam. Und weil ihn fror, machte er sich ein Feuer an; aber um Mitternacht ging der Wind so kalt, daß er trotz des Feuers nicht warm werden wollte. Und als der Wind die Gehängten gegeneinander stieß, daß sie sich hin und her bewegten, so dachte er: Du frierst unten bei dem Feuer, was mögen die da oben erst frieren und zappeln. Und weil er mitleidig war, legte er die Leiter an, stieg hinauf, knüpfte einen nach dem andern los, und holte sie alle sieben herab. Darauf schürte er das Feuer, blies es an und setzte sie rings herum, daß sie sich wärmen sollten. Aber sie saßen da und regten sich nicht, und das Feuer ergriff ihre Kleider. Da sprach er: »Nehmt euch in acht, sonst häng ich euch wieder hinauf.« Die Toten aber hörten nicht, schwiegen und ließen ihre Lumpen fortbrennen. Da ward er bös und sprach: »Wenn ihr nicht acht geben wollt, so kann ich euch nicht helfen, ich will nicht mit euch verbrennen, und hing sie nach der Reihe wieder hinauf. Nun setzte er sich zu seinem Feuer und schlief ein, und am andern Morgen, da kam der Mann zu ihm, wollte die fünfzig Taler haben und sprach: »Nun, weißt du, was Gruseln ist?«

»Nein«, antwortete er, »woher sollte ich's wissen? Die da droben haben das Maul nicht aufgetan und waren so dumm, daß sie die paar alten Lappen, die sie am Leibe haben, brennen ließen.« Da sah der Mann, daß er die fünfzig Taler heute nicht davontragen würde, ging fort und sprach: »So einer ist mir noch nicht vorgekommen.«

Der Junge ging auch seines Wegs und fing wieder an, vor sich hin zu reden: »Ach, wenn mir's nur gruselte! Ach, wenn mir's nur gruselte!« Das hörte ein Fuhrmann, der hinter ihm herschritt, und fragte: »Wer bist du?«

»Ich weiß nicht«, antwortete der Junge.
Der Fuhrmann fragte weiter:
»Wo bist du her?«
»Ich weiß nicht!«
»Wer ist dein Vater?«
»Das darf ich nicht sagen.«
»Was brummst du beständig in den Bart hinein?«
»Ei«, antwortete der Junge, »ich wollte, daß mir's gruselte, aber niemand kann mir's lehren.«
»Laß dein dummes Geschwätz«, sprach der Fuhrmann, »komm, geh mit mir, ich will sehen, daß ich dich unterbringe.«
Der Junge ging mit dem Fuhrmann, und abends gelangten sie zu einem Wirtshaus, wo sie übernachten wollten. Da sprach er beim Eintritt in die Stube wieder ganz laut: »Wenn mir's nur gruselte! Wenn mir's nur gruselte!« Der Wirt, der das hörte, lachte und sprach: »Wenn dich danach lüstet, dazu sollte hier wohl Gelegenheit sein.«
»Ach, schweig stille«, sprach die Wirtsfrau, »so mancher Vorwitzige hat schon sein Leben eingebüßt, es wäre Jammer und Schade um die schönen Augen, wenn die das Tageslicht nicht wiedersehen sollten.«
Der Junge aber sagte: »Wenn's noch so schwer wäre, ich will's einmal lernen, deshalb bin ich ja ausgezogen.« Er ließ dem Wirt auch keine Ruhe, bis dieser erzählte, nicht weit davon stände ein verwünschtes Schloß, wo einer wohl lernen könne, was Gruseln wäre, wenn er nur drei Nächte darin wachen wollte. Der König hätte dem, der's wagen wollte, seine Tochter zur Frau versprochen, und die wäre die schönste Jungfrau, welche die Sonne beschien, in dem Schloß steckten auch große Schätze, von bösen Geistern bewacht, die würden dann frei und könnten einen Armen reich genug machen. Schon viele wären wohl hinein, aber noch keiner wieder herausgekommen. Da ging der Junge am andern Morgen vor den König und sprach: »Wenn's erlaubt wäre, so wollte ich wohl drei Nächte in dem verwünschten Schlosse wachen.« Der König sah ihn

an, und weil er ihm gefiel, sprach er: »Du darfst dir noch dreierlei ausbitten, aber es müssen leblose Dinge sein, und das darfst du mit ins Schloß nehmen.« Da antwortete er: »So bitt' ich um ein Feuer, eine Drehbank und eine Schnitzbank mit dem Messer.«

Der König ließ ihm das alles bei Tage in das Schloß tragen. Als es Nacht werden wollte, ging der Junge hinauf, machte sich in einer Kammer ein helles Feuer an, stellte die Schnitzbank mit dem Messer daneben und setzte sich auf die Drehbank. »Ach, wenn mir's nur gruselte!« sprach er, »aber hier werde ich's auch nicht lernen.« Gegen Mitternacht wollte er sich sein Feuer einmal aufschüren; wie er so hineinblies, da schrie's plötzlich aus einer Ecke: »Au, miau! Was uns friert!«

»Ihr Narren«, rief er, »was schreit ihr? Wenn euch friert, kommt, setzt euch ans Feuer und wärmt euch.« Und wie er das gesagt hatte, kamen zwei große Katzen mit einem gewaltigen Sprunge herbei, setzten sich ihm zu beiden Seiten und sahen ihn mit feurigen Augen ganz wild an. Über ein Weilchen, als sie sich gewärmt hatten, sprachen sie: »Kameraden, wollen wir eins mit der Karte spielen?«

»Warum nicht?« antwortete er, »aber zeigt einmal eure Pfoten her.« Da streckten sie die Krallen aus. »Ei«, sagte er, »was habt ihr lange Nägel! Wartet, die muß ich euch erst abschneiden.« Damit packte er sie beim Kragen, hob sie auf die Schnitzbank und schraubte ihnen die Pfoten fest. »Euch habe ich auf die Finger gesehen«, sprach er, »da vergeht mir die Lust zum Kartenspiel«, schlug sie tot und warf sie hinaus ins Wasser. Als er aber die zwei zur Ruhe gebracht hatte und sich wieder zu seinem Feuer setzen wollte, da kamen aus allen Ecken und Enden schwarze Katzen und schwarze Hunde an glühenden Ketten, immer mehr und mehr, daß er sich nicht mehr bergen konnte; die schrien greulich, traten ihm auf sein Feuer, zerrten es auseinander und wollten es ausmachen. Das sah er ein Weilchen ruhig mit an, als es ihm aber zu arg ward, faßte er sein Schnitzmesser und rief: »Fort mit dir, du Gesindel«, und haute auf sie los. Ein Teil sprang weg, die andern schlug er tot und warf sie hinaus in den

Teich. Als er wiedergekommen war, blies er aus den Funken sein Feuer frisch an und wärmte sich. Und als er so saß, wollten ihm die Augen nicht länger offenbleiben, und er bekam Lust zu schlafen. Da blickte er um sich und sah in der Ecke ein großes Bett: »Das ist mir eben recht«, sprach er und legte sich hinein. Als er aber die Augen zutun wollte, so fing das Bett von selbst an zu fahren und fuhr im ganzen Schloß herum. »Recht so«, sprach er, »nur besser zu.« Da rollte das Bett fort, als wären sechs Pferde vorgespannt, über Schwellen und Treppen auf und ab; auf einmal hopp hopp! warf es um, das unterste zuoberst, daß es wie ein Berg auf ihm lag. Aber er schleuderte Decken und Kissen in die Höhe, stieg heraus und sagte: »Nun mag fahren, wer Lust hat«, legte sich an sein Feuer und schlief, bis es Tag war. Am Morgen kam der König, und als er ihn da auf der Erde liegen sah, meinte er, die Gespenster hätten ihn umgebracht, und er wäre tot. Da sprach er: »Es ist doch schade um den schönen Menschen.« Das hörte der Junge, richtete sich auf und sprach: »So weit ist's noch nicht!« Da verwunderte sich der König, freute sich aber und fragte, wie es ihm gegangen wäre. »Recht gut«, antwortete er, »eine Nacht wäre herum, die zwei andern werden auch herumgehen.« Als er zum Wirt kam, da machte der große Augen. »Ich dachte nicht«, sprach er, »daß ich dich wieder lebendig sehen würde; hast du nun gelernt, was Gruseln ist?«

»Nein«, sagte er, »es ist alles vergeblich; wenn mir's nur einer sagen könnte!«

Die zweite Nacht ging er abermals hinauf ins alte Schloß, setzte sich zum Feuer und fing sein altes Lied wieder an: »Wenn mir's nur gruselte!« Wie Mitternacht herankam, ließ sich ein Lärm und Gepolter hören, erst sachte, dann immer stärker, dann war's ein bißchen still, endlich kam mit lautem Geschrei ein halber Mensch den Schornstein herab und fiel vor ihn hin. »Heda!« rief er, »noch ein halber gehört dazu, das ist zu wenig.« Da ging der Lärm von frischem an, es tobte und heulte und fiel die andere Hälfte auch herab. »Wart«, sprach er, »ich will dir erst das Feuer ein wenig anblasen.« Wie er das getan hatte und sich wieder umsah, da waren die beiden Stücke zusammengefahren, und saß da ein greulicher Mann auf seinem Platz. »So haben wir nicht gewettet«, sprach der Junge, »die Bank ist mein.« Der Mann wollte ihn wegdrängen, aber der Junge ließ sich's nicht gefallen, schob ihn mit Gewalt weg und setzte sich wieder auf seinen Platz. Da fielen noch mehr Männer herab, einer nach dem andern, die holten neun Totenbeine und zwei Totenköpfe, setzten auf und spielten Kegel. Der Junge bekam auch Lust und fragte: »Hört ihr, kann ich mit sein?«

»Ja, wenn du Geld hast.«

»Geld genug«, antwortete er, »aber eure Kugeln sind nicht recht rund.« Da nahm er die Totenköpfe, setzte sie in die Drehbank und drehte sie rund. »So, jetzt werden sie besser schüppeln«, sprach er, »heida! nun geht's lustig!« Er spielte mit und verlor etwas von seinem Geld, als es aber zwölf schlug, war alles vor seinen Augen verschwunden. Er legte sich nieder und schlief ruhig ein. Am andern Morgen kam der König und wollte sich erkundigen. »Wie ist dir's diesmal gegangen?« fragte er.

»Ich habe gekegelt«, antwortete er, »und ein paar Heller verloren.«

»Hat dir denn nicht gegruselt?«

»Ei was«, sprach er, »lustig hab ich mich gemacht. Wenn ich nur wüßte, was Gruseln wäre!«

In der dritten Nacht setzte er sich wieder auf seine Bank und sprach ganz verdrießlich: »Wenn es mir nur gruselte!« Als es spät ward, kamen sechs große Männer und brachten eine Totenlade hereingetragen. Da sprach er: »Ha, ha, das ist gewiß mein Vetterchen, das erst vor ein paar Tagen gestorben ist«, winkte mit dem Finger und rief: »Komm, Vetterchen, komm!« Sie stellten den Sarg auf die Erde, er aber ging hinzu und nahm den Deckel ab; da lag ein toter Mann darin. Er fühlte ihm ans Gesicht, aber es war kalt wie Eis. »Wart«, sprach er, »ich will dich ein bißchen wärmen«, ging ans Feuer, wärmte seine Hand und legte sie ihm aufs Gesicht, aber der Tote blieb kalt. Nun nahm er ihn heraus, setzte sich ans Feuer und legte ihn auf seinen Schoß und rieb ihm die Arme, damit das Blut wieder in Bewegung kommen sollte. Als auch das nichts helfen wollte, fiel ihm ein: Wenn zwei zusammen im Bett liegen, so wärmen sie sich, brachte ihn ins Bett, deckte ihn zu und legte sich neben ihn. Über ein Weilchen ward auch der Tote warm und fing an, sich zu regen. Da sprach der Junge: »Siehst du, Vetterchen, hätt' ich dich nicht gewärmt!« Der Tote aber hub an und rief: »Jetzt will ich dich erwürgen!«

»Was«, sagte er, »ist das mein Dank? Gleich sollst du wieder in deinen Sarg«, hub ihn auf, warf ihn hinein und machte den Deckel zu; da kamen die sechs Männer und trugen ihn wieder fort. »Es will mir nicht gruseln«, sagte er, »hier lerne ich's mein Lebtag nicht.«

Da trat ein Mann herein, der war größer als alle andern und sah fürchterlich aus; er war aber alt und hatte einen langen, weißen Bart. »O du Wicht«, rief er, »nun sollst du bald lernen, was Gruseln ist, denn du sollst sterben.«

»Nicht so schnell«, antwortete der Junge, »soll ich sterben, so muß ich auch dabei sein.«

»Dich will ich schon packen«, sprach der Unhold.

»Sachte, sachte, mach dich nicht so breit; so stark wie du bin ich auch und wohl noch stärker.«

»Das wollen wir sehn«, sprach der Alte, »bist du stärker als ich, so will ich dich gehn lassen; komm, wir wollen's versuchen.« Da führte er ihn durch dunkle Gänge zu einem Schmiedefeuer, nahm eine Axt und schlug den einen Amboß mit einem Schlage in die Erde. »Das kann ich noch besser«, sprach der Junge und ging zu dem andern Amboß; der Alte stellte sich neben hin und wollte zusehen, und sein weißer Bart hing herab. Da faßte der Junge die Axt, spaltete den Amboß auf einen Hieb und klemmte den Bart des Alten mit hinein. »Nun hab ich dich«, sprach der Junge, »jetzt ist das Sterben an dir.« Dann faßte er eine Eisenstange und schlug auf den Alten los, bis er wimmerte und bat, er möchte aufhören, er wollte ihm große Reichtümer geben. Der Junge zog die Axt 'raus und ließ ihn los. Der Alte führte ihn wieder ins Schloß zurück und zeigte ihm in einem Keller drei Kasten voll Gold. »Davon«, sprach er, »ist ein Teil den Armen, der andre dem König, der dritte dein.« Indem schlug es zwölfe, und der Geist verschwand, also daß der Junge im Finstern stand. »Ich werde mir doch heraushelfen können«, sprach er, tappte herum, fand den Weg in die Kammer und schlief dort bei seinem Feuer ein. Am andern Morgen kam der König und sagte: »Nun wirst du gelernt haben, was Gruseln ist?«

»Nein«, antwortete er, »was ist's nur? Mein toter Vetter war da, und ein bärtiger Mann ist gekommen, der hat mir da unten viel Geld gezeigt, aber was Gruseln ist, hat mir keiner gesagt.« Da sprach der König: »Du hast das Schloß erlöst und sollst meine Tochter heiraten.«

»Das ist all recht gut«, antwortete er, »aber ich weiß noch immer nicht, was Gruseln ist.«

Da ward das Gold heraufgebracht und die Hochzeit gefeiert, aber der junge König, so lieb er seine Gemahlin hatte und so vergnügt er war, sagte doch immer: »Wenn mir nur gruselte, wenn mir nur gruselte.« Das verdroß sie endlich. Ihr Kammermädchen sprach: »Ich will Hilfe schaffen, das Gruseln soll er schon lernen.« Sie ging hinaus zum Bach, der durch den Garten floß, und ließ sich einen ganzen Eimer voll Gründlinge holen. Nachts, als der junge König schlief, mußte seine Gemahlin ihm die Decke wegziehen und den Eimer voll kalt Wasser mit den Gründlingen über ihn herschütten, daß die kleinen Fische um ihn herum zappelten. Da wachte er auf und rief: »Ach, was gruselt mir, was gruselt mir, liebe Frau! Ja, nun weiß ich, was Gruseln ist.«

DIE VIER KUNSTREICHEN BRÜDER

Es war ein armer Mann, der hatte vier Söhne; wie die herangewachsen waren, sprach er zu ihnen: »Liebe Kinder, ihr müßt jetzt hinaus in die Welt, ich habe nichts, das ich euch geben könnte; macht euch auf und geht in die Fremde, lernt ein Handwerk und seht, wie ihr euch durchschlagt.« Da ergriffen die vier Brüder den Wanderstab, nahmen Abschied von ihrem Vater und zogen zusammen zum Tor hinaus. Als sie eine Zeitlang gewandert waren, kamen sie an einen Kreuzweg, der nach vier verschiedenen Gegenden führte. Da sprach der älteste: »Hier müssen wir uns trennen, aber heut über vier Jahre wollen wir an dieser Stelle wieder zusammentreffen und in der Zeit unser Glück versuchen.«

Nun ging jeder seinen Weg, und dem ältesten begegnete ein Mann, der fragte ihn, wo er hinaus wollte und was er vorhätte. »Ich will ein Handwerk lernen«, antwortete er. Da sprach der Mann: »Geh mit mir und werde ein Dieb.«

»Nein«, antwortete er, »das gilt für kein ehrliches Handwerk mehr, und das Ende vom Lied ist, daß einer als Schwengel in der Feldglokke gebraucht wird.«

»Oh«, sprach der Mann, »vor dem Galgen brauchst du dich nicht zu fürchten; ich will dich bloß lehren, wie du holst, was sonst kein Mensch kriegen kann und wo dir niemand auf die Spur kommt.« Da ließ er sich überreden, ward bei dem Manne ein gelernter Dieb und ward so geschickt, daß vor ihm nichts sicher war, was er einmal haben wollte.

Der zweite Bruder begegnete einem Mann, der dieselbe Frage an ihn tat, was er in der Welt lernen wollte. »Ich weiß es noch nicht«, antwortete er. »So geh mit mir und werde ein Sterngucker; nichts besser als das, es bleibt einem nichts verborgen.« Er ließ sich das gefallen und ward ein so geschickter Sterngucker, daß sein Meister, als er ausgelernt hatte und weiterziehen wollte, ihm ein Fernrohr gab und zu ihm sprach: »Damit kannst du sehen, was auf Erden und am Himmel vorgeht, und kann dir nichts verborgen bleiben.«

Den dritten Bruder nahm ein Jäger in die Lehre und gab ihm in allem, was zur Jägerei gehört, so guten Unterricht, daß er ein ausgelernter Jäger ward. Der Meister schenkte ihm beim Abschied eine Büchse und sprach: »Die fehlt nicht, was du damit aufs Korn nimmst, das triffst du sicher.«

Der jüngste Bruder begegnete gleichfalls einem Manne, der ihn anredete und nach seinem Vorhaben fragte. »Hast du nicht Lust, ein Schneider zu werden?«

»Daß ich nicht wüßte«, sprach der Junge, »das Krummsitzen von morgens bis abends, das Hin- und Herfegen mit der Nadel und das Bügeleisen wollen mir nicht in den Sinn.«

»Ei was«, antwortete der Mann, »du sprichst, wie du's verstehst; bei mir lernst du eine ganz andere Schneiderkunst, die ist anständig und ziemlich, zum Teil sehr ehrenvoll.« Da ließ er sich überreden, ging mit und lernte die Kunst des Mannes aus dem Fundament. Beim Abschied gab ihm dieser eine Nadel und sprach: »Damit kannst du zusammennähen, was dir vorkommt, es sei so weich wie Ei oder so hart wie Stahl, und es wird ganz zu einem Stück, daß keine Naht mehr zu sehen ist.«

Als die bestimmten vier Jahre herum waren, kamen die vier Brüder zu gleicher Zeit an dem Kreuzwege zusammen, herzten und küßten sich und kehrten heim zu ihrem Vater. »Nun«, sprach dieser ganz vergnügt, »hat euch der Wind wieder zu mir geweht?« Sie erzählten, wie es ihnen ergangen war und daß jeder das seinige gelernt hätte. Nun saßen sie gerade vor dem Haus unter einem großen Baum, da sprach der Vater: »Jetzt will ich euch auf die Probe stellen und sehen, was ihr könnt.« Danach schaute er auf und sagte zu dem zweiten Sohne: »Oben im Gipfel dieses Baumes sitzt zwischen zwei

Ästen ein Buchfinkennest, sag mir, wieviel Eier liegen darin?« Der Sterngucker nahm sein Glas, schaute hinauf und sagte: »Fünfe sind's.« Sprach der Vater zum ältesten: »Hol du die Eier herunter, ohne daß der Vogel, der darauf sitzt und brütet, gestört wird.« Der kunstreiche Dieb stieg hinauf und nahm dem Vöglein, das gar nichts davon merkte und ruhig sitzenblieb, die fünf unter dem Leib weg und brachte sie dem Vater herab. Der Vater nahm sie, legte an jede Ecke des Tisches eins und das fünfte in die Mitte und sprach zum Jäger: »Du schießest mir mit einem Schuß die fünf Eier in der Mitte entzwei.«

Der Jäger legte seine Büchse an und schoß die Eier, wie es der Vater verlangt hatte, alle fünfe, und zwar in einem Schuß. Der hatte gewiß von dem Pulver, das um die Ecke schießt. »Nun kommt die Reihe an dich«, sprach der Vater zu dem vierten Sohn, »du nähst die Eier wieder zusammen und auch die jungen Vöglein, die darin sind, und zwar so, daß ihnen der Schuß nichts schadet.« Der Schneider holte seine Nadel und nähte, wie's der Vater verlangt hatte. Als er fertig war, mußte der Dieb die Eier wieder auf den Baum ins Nest tragen und dem Vogel, ohne daß er etwas merkte, wieder unterlegen. Das Tierchen brütete sie vollends aus, und nach ein paar Tagen krochen die Jungen hervor und hatten da, wo sie vom Schneider zusammengenäht waren, ein rotes Streifchen um den Hals.

»Ja«, sprach der Alte zu seinen Söhnen, »ich muß euch über den grünen Klee loben, ihr habt eure Zeit wohl benutzt und was Rechtschaffnes gelernt; ich kann nicht sagen, wem von euch der Vorzug gebührt. Wenn ihr nun bald Gelegenheit habt, eure Kunst anzuwenden, da wird sich's ausweisen.« Nicht lange danach kam großer Lärm ins Land, die Königstochter wäre von einem Drachen entführt worden. Der König war Tag und Nacht darüber in Sorgen und ließ bekanntmachen, wer sie zurückbrächte, sollte sie zur Gemahlin haben.

Die vier Brüder sprachen untereinander: »Das wäre eine Gelegenheit, wo wir uns könnten sehen lassen«, wollten zusammen ausziehen und die Königstochter befreien. »Wo sie ist, will ich bald wissen«, sprach der Sterngucker. Schaute durch sein Fernrohr und sprach: »Ich sehe sie schon, sie sitzt weit von hier auf einem Felsen im Meer und neben ihr der Drache, der sie bewacht.« Da ging er zu dem König und bat um ein Schiff für sich und seine Brüder und fuhr mit ihnen über das Meer, bis sie zu dem Felsen hinkamen. Die Königstochter saß da, aber der Drache lag in ihrem Schoß und schlief. Der Jäger sprach: »Ich darf nicht schießen, ich würde die schöne Jungfrau zugleich töten.«

»So will ich mein Heil versuchen«, sagte der Dieb, schlich sich heran und stahl sie unter dem Drachen weg, aber so leis und behend, daß das Untier nichts merkte, sondern fortschnarchte. Sie eilten voll Freude mit ihr aufs Schiff und steuerten in die offene See, aber der Drache, der bei seinem Erwachen die Königstochter nicht mehr gefunden hatte, flog hinter ihnen her und schnaubte wütend durch die Luft. Als er gerade über dem Schiff schwebte und sich herablassen wollte, legte der Jäger seine Büchse an und schoß ihm mitten ins Herz. Das Untier fiel tot herab, war aber so groß und gewaltig, daß es im Herabfallen das ganze Schiff zertrümmerte. Sie erhaschten glücklich noch ein paar Bretter und schwammen auf dem weiten Meer umher. Da war wieder große Not, aber der Schneider, nicht faul, nahm seine wunderbare Nadel, nähte die Bretter mit ein paar großen Stichen zusammen, setzte sich darauf und sammelte alle Stücke des Schiffes. Dann nähte er auch diese so geschickt zusammen, daß in kurzer Zeit das Schiff wieder segelfertig war und sie glücklich heimfahren konnten.

Als der König seine Tochter wieder erblickte, war große Freude. Er sprach zu den vier Brüdern: »Einer von euch soll sie zur Gemahlin haben, aber welcher das ist, macht unter euch aus.« Da entstand ein heftiger Streit unter ihnen, denn jeder machte Ansprüche. Der Sterngucker sprach: »Hätt' ich nicht die Königstochter gesehen, so wären alle eure Künste umsonst gewesen; darum ist sie mein.« Der Dieb sprach: »Was hätte das Sehen geholfen, wenn ich sie nicht

unter dem Drachen weggeholt hätte; darum ist sie mein.« Der Jäger sprach: »Ihr wärt doch samt der Königstochter von dem Untier zerrissen worden, hätte es meine Kugel nicht getroffen; darum ist sie mein.« Der Schneider sprach: »Und hätte ich euch mit meiner Kunst nicht das Schiff wieder zusammengeflickt, ihr wärt alle jämmerlich ertrunken; darum ist sie mein.«
Da tat der König den Ausspruch: »Jeder von euch hat ein gleiches Recht, und weil ein jeder die Jungfrau nicht haben kann, so soll sie keiner von euch haben, aber ich will jedem zur Belohnung ein halbes Königreich geben.« Den Brüdern gefiel diese Entscheidung, und sie sprachen: »Es ist besser so, als daß wir uneins werden.« Da erhielt jeder ein halbes Königreich, und sie lebten mit ihrem Vater in aller Glückseligkeit, solange es Gott gefiel.

DAS FERKELCHEN UND DIE WÖLFE

Es lebte einmal ein Ferkelchen, dessen Häuschen stand mitten in einem derart dichten und riesigen Wald, daß noch keines Menschen Fuß diesen jemals betreten hatte.
Wie nun dieses Ferkelchen gerade sein Essen zubereiten wollte, tauchte draußen vor der Tür ein reißender Wolf auf. Er klopfte aber verschämt an und bettelte mit einschmeichelnder Stimme: »Liebes, gutes Ferkelchen! Bitte, laß mich hinein in dein Häuschen, denn im Walde ist es entsetzlich kalt und ich erfriere sonst.«
Das Ferkelchen antwortete: »Nein, ich laß dich nicht herein – du frißt mich ganz gewiß auf!«
Der Wolf versuchte dem Ferkelchen die Angst auszureden und sagte: »Wohin denkst du, Ferkelchen! Mach deine Tür nur um einen winzigen Spalt auf, gerade so weit, daß ich mein eines Hinterbein in deiner Stube aufwärme!«

Nun gut, das Ferkelchen erlaubte dem Wolf, mit dem einen Hinterbein einzutreten. Es eilte aber schnell zum Herd, setzte einen Kessel darauf – voll Wasser – und schürte ein starkes Feuerchen an.
Nach kurzer Weile ließ sich der Wolf aber nochmals vernehmen: »Liebes, gutes Ferkelchen! Erlaub mir doch, daß ich auch mein zweites Hinterbein in die Tür setzen darf.«
Das Ferkelchen konnte in seiner Angst nicht nein sagen. Es gewährte dem Wolf auch diese Bitte, huschte aber – die Tür im Auge behaltend – zurück zum Herd und legte neues Brennholz auf das Feuer.
Der Wolf gab sich aber nicht zufrieden, er flehte, jetzt schon mehr verlangend: »Liebes, gutes Ferkelchen! Sei gnädig, gib, daß ich auch mit den beiden Vorderbeinen in deiner Stube stehen darf!«
Das Ferkelchen durfte sich – da es bereits soweit nachgegeben hatte – der Bitte nicht widersetzen. Es öffnete die Tür noch weiter – prüfte aber sogleich, ob das auf den Herd gestellte Wasser schon bald siede, und schielte dabei verängstigt zur Tür hin; zugleich schob es vorsorglich noch ein Holzscheit in das Feuer.
Der Wolf beschwor das Ferkelchen zum letzten Mal: »Liebes, gutes Ferkelchen! Sei doch vernünftig. Laß mich ganz in deine Stube hinein. Ich krümme dir auch nicht ein einziges Härchen!«
Das Ferkelchen wartete auf den hereintretenden Wolf mit einem offen hingehaltenen Sack, damit er – rückwärts, wie er so kam – schnurstracks in diesen hineinlaufe, was auch gelang. Mit dem Mut der Verzweiflung schnürte es den Sack über dem Kopf des Wolfes zu, griff schnell nach dem brodelnden Wasser und überbrühte den so gefangenen Wolf, und es floh – haste was kannste – in den tiefen Wald. Dort fand es einen Baum, auf den es hochkletterte.
Der Wolf brüllte in dem finsteren Sack nach Leibeskräften, denn das kochende Wasser hatte ihm sein ganzes Fell verbrüht, so daß er ganz kahl wurde. Es gelang ihm auch endlich unter vielem Rekeln und Zappeln, Schnaufen und Toben, sich aus dem Sack zu befreien. Sofort eilte er zu seinem Rudel, um die anderen Wölfe zu Hilfe zu rufen und sich am Ferkelchen zu rächen.

Neun Wölfe hatte er so mit seinem Gejaule und Heulen um sich geschart, und sie zogen aus, das Ferkelchen aufzustöbern. Sie liefen hierhin und dorthin in dem grenzenlosen Wald, durchschnüffelten und beklopften Büsche und Hecken und durchsuchten alle Verstekke, bis sie das Ferkelchen im Geäst des Baumes, auf den es gestiegen war, entdeckten. Unter der Baumkrone berieten sie des langen und breiten, was zu tun sei, wie sie dem Ferkelchen beikommen könnten, denn keiner von den Wölfen verstand, auf die Bäume zu klettern.

Endlich faßten sie den Beschluß, daß einer auf des anderen Schulter steigen sollte: so würden sie wohl des Ferkelchens habhaft werden. Sofort begannen sie denn auch, Schulter auf Schulter, einen Turm zu bauen. Der verbrühte Wolf aber hatte sich zuunterst aufgestellt, denn er wußte nun schon, wie gefährlich und schlau dieses Ferkelchen war, und wollte kein zweites Mal Lehrgeld zahlen.

Schon stand der achte auf des siebenten Schulter, und der neunte Wolf wollte eben auf den übrigen Wölfen hochklettern – und sie hätten das vor Furcht zitternde Ferkelchen erhascht. Da machte sich das Ferkelchen stark und schrie in alle Richtungen in den Wald hinein: »Ferkelchen, Ferkelchen, helft alle mit. Wir wollen die Wölfe mit heißem Wasser überbrühen!«

Mehr hatte der zuunterst stehende Wolf nicht nötig. Wie er diesen Ruf hörte, bekam er es mit der Angst zu tun, denn er hatte ja erfahren, was es heißt, überbrüht zu werden. Er nahm Hals über Kopf Reißaus und ward nie mehr im Wald gesehen. Die übrigen Wölfe aber purzelten und kollerten auf die Erde, der eine brach sich die Beine, der andere das Genick; kurzum, alle hatten schweren Schaden genommen. Auch sie trotteten wehklagend davon.

Als so das Ferkelchen feststellte, daß unter dem Baume wieder reine Luft war, kletterte es gemächlich auf die Erde zurück und suchte – ungeschoren – sein Häuschen wieder auf. Fortan zeigte sich kein Wolf mehr im weiten Umkreis dieses Häuschens.

AUF DES HECHTES GEHEISS

Es war einmal ein alter Mann, der hatte drei Söhne. Zwei waren fixe, gescheite Burschen, der dritte aber, Jemelja mit Namen, war ein wenig blöd. Die Brüder, die schafften und werkten, der Jemelja aber lag den lieben langen Tag auf dem Ofen und wollte von nichts hören.

Eines Tags waren die Brüder auf den Markt gefahren. Da setzten die Weiber, die Schwägerinnen, ihm zu: »Geh doch, Jemelja, hol Wasser.«

Er aber rief vom Ofen: »Mag nicht...«

»So geh schon, Jemelja, sonst werden dir die Brüder nichts vom Markt mitbringen.«

»Na schön.«

Jemelja kletterte also vom Ofen, zog Schuhe und Rock an, nahm Eimer und Beil zur Hand und machte sich zum Fluß auf. Er hackte ein Loch ins Eis, schöpfte die Eimer voll, stellte sie hin und guckte hinunter ins Wasser. Und da sah er drunten einen Hecht. Mit flinkem Griff zog er ihn heraus und hielt ihn in den Händen.

»Das gibt mal eine gute Fischsuppe!«

Doch da sprach der Hecht mit Menschenstimme: »Jemelja, laß mich wieder ins Wasser, ich werd dir noch Gutes tun.«

Jemelja lachte: »Was wirst du mir Gutes tun ... Nein, ich nehm dich lieber nach Haus und laß die Schwägerinnen aus dir eine Fischsuppe kochen. Eine gute Suppe gibst du ab.«

Da flehte der Hecht von neuem: »Jemelja, Jemelja, laß mich ins Wasser. Ich tu alles, was du willst.«

»Soll's sein, ich laß dich frei. Bloß zeig mir vorher, was du kannst, damit du mich nicht beschwindelst.«

Fragte da der Hecht: »Jemelja, Jemelja, sag, was willst du jetzt gleich?«
»Will, daß die Eimer von selber nach Hause tappen, und das Wasser soll nicht überschwappen.«
Sprach der Hecht zu ihm: »Merk dir meine Worte wohl; wenn du einen Wunsch hast, so sprich nur:

Auf des Hechtes Geheiß,
nach meiner Weis' ...«

Und Jemelja sprach es ihm nach:

»Auf des Hechtes Geheiß,
nach meiner Weis' ...

sollt ihr Eimer selber nach Hause gehen.«
Kaum waren die Worte aus seinem Munde, stapften die Eimer doch schon die Böschung hinauf. Jemelja warf den Hecht ins Wasser und lief den Eimern nach.
Und nun wanderten die Eimer durchs Dorf, zum Staunen der Leute. Jemelja aber ging gemütlich hinterdrein und lachte sich eins. Die Eimer stapften sogar ins Haus und stellten sich selber auf die Wasserbank. Unser Jemelja aber kroch wieder auf den Ofen.
Über kurz oder lang, wer weiß wann, setzten ihm die Schwägerinnen neuerlich zu: »Jemelja, immer mußt du herumliegen. Geh lieber Holz kleinmachen.«
»Mag nicht.«
»Dann bringen dir deine Brüder auch nichts vom Markt mit.«
Jemelja behagte es gar nicht, vom warmen Ofen herunterzusteigen. Doch da fiel ihm der Hecht ein. Leise murmelte er:

»Auf des Hechtes Geheiß,
nach meiner Weis' ...

geh hin, Axt, mach Brennholz klein, und du Holz, komm selber rein und leg dich in den Ofen.«

Sprang da die Axt unter der Küchenbank hervor und – heida – auf den Hof. Und sie klopfte emsig auf das Holz ein, und das kam selber ins Haus hineinspaziert und kletterte in den Ofen.

Nach einiger Zeit, war's lang, war's kurz, fingen die Schwägerinnen abermals an: »Jemelja, wir haben kein Holz mehr. Könntest doch in den Wald fahren und neues holen.«

Vom Ofen rief Jemelja: »Wozu seid ihr denn da?«

»Wir? Ist's vielleicht unsere Sache, Holz aus dem Wald einzufahren?«

»Hab keine Lust.«

»Na, dann kriegst du auch nichts mitgebracht.«

Was tun? Jemelja bequemte sich also vom Ofen, schlüpfte in die Stiefel, zog den Rock an. Nahm Axt und Seil, ging auf den Hof und setzte sich in den Schlitten.

»He, Weiber, flink das Tor aufgemacht!«

»Nein, solch ein Dummkopf«, riefen die Schwägerinnen zurück. »Setzt sich in den Schlitten und spannt kein Pferd vor!«

»Ich brauch keins.«

Die Schwägerinnen sperrten das Tor auf. Jemelja sprach leise:

»Auf des Hechtes Geheiß,
nach meiner Weis' ...

fahr, Schlitten, in den Wald.«

Da fuhr der Schlitten schon von selber durchs Tor, und so geschwind, daß selbst ein Mann zu Pferd ihn nicht hätte einholen können.

Nun führte aber der Weg in den Wald durch die Stadt, und so kam es, daß Jemelja eine Menge Volk überfuhr und umstieß. Die Leute schrien: »Haltet ihn! Packt ihn, den Kerl!« Aber er flüsterte nur immer wieder sein Sprüchlein, damit der Schlitten schneller fahre. So kam er in den Wald.

»Auf des Hechtes Geheiß,
nach meiner Weis' ...

schlag mir Holz, Axt, aber recht dürres, und du, Holz, pack dich selber auf den Schlitten und binde dich fest!«

Die Axt begann sogleich fleißig trocknes Holz abzuschlagen, das Holz warf sich auf den Schlitten und verschnürte sich mit dem Seil. Zum Schluß befahl Jemelja der Axt noch, ihm einen festen Knüppel abzuhauen, so schwer, daß ein Mann ihn kaum heben konnte. Als das getan war, schwang er sich auf den Schlitten.

»Auf des Hechtes Geheiß,
nach meiner Weis'...

he, Schlitten, fahr nach Haus!«

Der Schlitten sauste los. Doch Jemelja mußte wieder durch die Stadt, wo er kurz zuvor so viele Leute umgeworfen hatte, und dort lauerte man schon auf ihn. Er wurde ergriffen, vom Schlitten gezerrt, und dann hagelte es nur so Püffe, Hiebe und böse Worte.

Jemelja sah, daß seine Sache schlimm bestellt war, und murmelte:

»Auf des Hechtes Geheiß,
nach meiner Weis'...

frisch voran, Knüppelchen, verbleu ihnen tüchtig die Seiten!«

Der Knüppel sprang heraus und drosch auf die Leute ein, was das Zeug hielt. Die rannten davon, Hals über Kopf. Jemelja aber fuhr nach Haus und kletterte auf den Ofen.

Über kurz oder lang hörte der Zar von Jemeljas Streichen und schickte einen Obristen zu Jemelja hin, auf daß er ihn ins Schloß bringe.

Der Obrist kam also in jenes Dorf, trat in jenes Haus, in dem Jemelja wohnte, und fragte: »Bist du Jemelja, der Dummerjan?«

Vom Ofen antwortete Jemelja: »Wozu willst du das wissen?«

»Zieh dich geschwind an. Ich bring dich zum Zaren.«

»Hab keine Lust.«

Da wurde der Obrist ärgerlich und gab Jemelja eine Maulschelle. Der aber flüsterte vor sich hin:

»Auf des Hechtes Geheiß,
nach meiner Weis' ...

verbleu ihm, Knüppelchen, die Seiten!«
Der Knüppel sprang heraus und tanzte so emsig auf dem Rücken des Obristen herum, daß der nur mit knapper Not davonkam.
Der Zar war baß verwundert, daß sein Obrist mit dem Jemelja nicht hatte fertig werden können. Nun schickte er den allerhöchsten Hofherrn nach ihm aus: »Schaff mir Jemelja, den Dummerjan, ins Schloß, oder ich lasse dich um einen Kopf kürzer machen.«
Der allerhöchste Hofherr ging also hin und kaufte einen Haufen Rosinen, Backpflaumen und Pfefferkuchen. Er fuhr in jenes Dorf, trat in jenes Haus, erkundigte sich bei den Schwägerinnen, was Jemelja gern habe.
»Am liebsten hat unser Jemelja, wenn man ihm gut zuredet und ihm einen roten Kaftan verspricht. Dann macht er alles, was man von ihm will.«
Der höchste Hofherr gab Jemelja Rosinen, Backpflaumen und Pfefferkuchen. »Jemelja«, sagte er. »Was liegst du auf dem Ofen? Komm lieber mit mir zum Zaren.«
»Ich hab's hier auch schön warm.«
»Jemelja, Jemelja, beim Zaren kriegst du köstlich zu essen und zu trinken. Komm, fahren wir doch bitte hin.«
»Aber wenn ich doch keine Lust hab!«
»Jemelja, Jemelja, der Zar schenkt dir einen roten Kaftan nebst Mütze und Stiefeln.«
Da überlegte Jemelja denn doch ein Weilchen. »Schön«, sagte er schließlich. »Geh du nur immer voran, ich komme nach.«
Der große Herr fuhr in seinem Wagen davon. Jemelja aber rekelte sich noch ein bißchen auf dem Ofen. Dann rief er:

»Auf des Hechtes Geheiß,
nach meiner Weis' ...

bring mich zum Zaren, Ofen!«

Da krachte das Haus in allen Ecken, das Dach kam ins Rutschen, die Wand brach aus, und der Ofen fuhr von selber über die Straße, den Weg entlang zum Zarenschloß. Der Zar schaute gerade zum Fenster hinaus. Er traute seinen Augen nicht. »Was für ein Wunder sehe ich!« Und der allerhöchste Hofherr antwortete: »Das ist der Jemelja, er kommt auf seinem Ofen zu dir.«
Trat da der Zar auf die Vortreppe und sprach: »Viele Klagen sind mir über dich zu Ohren gekommen. Du sollst eine Menge Volks überfahren haben.«
»Warum werfen sich denn die Leute unter meinen Schlitten?«
Marja-Zarewna, die Tochter des Zaren, schaute aus dem Fenster zu ihm herab. Jemelja sah sie droben stehen und flüsterte rasch:

»Auf des Hechtes Geheiß,
nach meiner Weis' ...

soll die Zarentochter mich liebgewinnen.«
Und dann setzte er hinzu: »Marsch nach Hause, Ofen!«
Der Ofen machte kehrt, wackelte den Weg zurück, stapfte in die Hütte und stellte sich an seinen Platz. Jemelja aber lag oben drauf und faulenzte.
Im Zarenschloß aber hub ein großes Heulen und Schreien an. Die Zarentochter sehnte sich nach Jemelja. Ohne ihn konnte sie nicht mehr leben und flehte ihren Vater an, er solle sie dem Jemelja zum Weib geben. Der Zar war entsetzt. In seinem Verdruß ließ er wieder den allerhöchsten Hofherrn zu sich rufen. »Geh und bring mit den Jemelja, tot oder lebendig. Wenn du's nicht tust, kannst du deinem Kopf Lebewohl sagen.«
Da kaufte der vornehme Herr süße Weine und vielerlei Leckerbissen, fuhr in jenes Dorf, trat in jenes Haus und tischte das alles dem Jemelja auf. Der tat sich gütlich an den leckeren Sachen, und als ihm der Wein in den Kopf gestiegen war, legte er sich schlafen. Der hohe Herr aber packte den Jemelja auf den Schlitten, und dann ging's ins Schloß mit Windeseile.

Der Zar ließ auf der Stelle ein großes Faß mit eisernen Reifen anbringen, in das steckte man Jemelja und Marja, die Zarentochter, dann wurde es verteert und ins Meer geworfen.
Eine Zeit verging, wer weiß, ob lang, ob kurz, da wachte Jemelja auf und sah, daß es dunkel und eng war.
»Wo bin ich denn nur?«
»Schlimm sind wir dran, mein lieber, süßer Jemelja! In ein Faß hat man uns gesteckt, verteert und ins blaue Meer geworfen.«
Und er hörte die Antwort und fragte: »Und wer bist du?«
»Ich bin Marja-Zarewna.«
Da sprach Jemelja:

»Auf des Hechtes Geheiß,
nach meiner Weis' ...

kommt, Winde, mit Brausen, rollt mir das Faß an den Strand, auf den gelben Sand.«
Und da bliesen die Winde mit aller Kraft, das Meer warf hohe Wellen, die schlugen das Faß an den Strand, auf den gelben Sand. Jemelja und Marja-Zarewna stiegen aus dem Faß heraus.
»Jemelja, mein Liebster, wo werden wir nun wohnen? Bau uns doch irgendein kleines Häuschen.«
»Hab keine Lust.«
Da bat sie ihn gar inniglich, bis er endlich sprach:

»Auf des Hechtes Geheiß,
nach meiner Weis' ...

soll ein Schloß erstehen mit goldnem Dach.«
Und kaum waren die Worte heraus, da stand auch schon ein herrliches Schloß da, mit goldnem Dach. Ein grüner Garten umgab es, drin blühten Blumen, und die Vöglein sangen. Marja-Zarewna und ihr Jemelja traten in das Schloß ein und setzten sich ans Fenster.
»Jemelja, mein Heißgeliebter, könntest du nicht schön wie eine Augenweide werden?«

Jemelja ließ sich nicht lange bitten.

»Auf des Hechtes Geheiß,
nach meiner Weis' ...

will ich ein schmucker, bildschöner Bursche werden.«
Und eh man sich's versah, stand Jemelja da, so stattlich und schön, wie man's nimmer gewußt und nimmer gesehn.
Um diese Zeit geschah es, daß der Zar auf die Jagd ritt. Auf einmal erblickte er ein Schloß, das früher nicht dagewesen war. »Welch ein Rüpel hat hier auf meinem Grund und Boden, ohne mich zu fragen, ein Schloß erbaut?«
Und er schickte sogleich Boten aus, um zu erhorchen und zu erfragen, was das für Leute seien. Die Boten rannten hin, stellten sich unters Fenster und verlangten Bescheid.
Jemelja rief ihnen zu: »Bittet den Zaren, er soll mein Gast sein, dann will ich es ihm selber sagen.«
Der Zar kam angefahren. Jemelja ging ihm entgegen, führte ihn ins Schloß. Sie setzten sich zu Tisch und fingen an zu schmausen. Der Zar aß und trank und fand des Verwunderns kein Ende.
»Sag an, wer du bist, wackrer Jüngling?«
»Entsinnst du dich an Jemelja, den Dummerjan, der auf dem Ofen zu dir kam, und du ließest ihn und deine Tochter in ein Faß sperren und ins Meer werfen. Ich bin dieser Jemelja, und wenn ich will, kann ich dein ganzes Reich verwüsten und niederbrennen.«
Da erschrak der Zar über alle Maßen und bat um Gnade. »Heirate meine Tochter, lieber Jemelja, und nimm mein ganzes Reich, bloß laß mich am Leben!«
Und es wurde ein großes Mahl ausgerichtet mit Geladenen ohne Zahl. Jemelja heiratete Marja-Zarewna und regierte fortan das Reich.
Das Märchen ist nun zu End erzählt, ein Dankeschön dem, der zugehört.

DAS HÄHNCHEN UND SEIN DIAMANTENES KREUZERSTÜCK

Es lebte einmal auf dieser Welt eine arme Frau, die hatte ein Hähnchen. Dieses tat den ganzen lieben Tag nichts anderes, als auf dem Misthaufen immer nur scharren und wieder scharren. Und siehe da, es fand eine Münze, ein Kreuzerstück – aber aus purem Diamant. In dem Augenblick kam aber gerade der türkische Kaiser hier vorbei. Wie er so dieses diamantene Kreuzerstück im Besitz des Hähnchens sah, sagte er zum Hähnchen: »Hähnchen, gib mir dieses diamantene Kreuzerstück!«

»Nicht um alles in der Welt, meine Hausfrau benötigt es.«

Da raubte der türkische Kaiser dem Hähnchen das diamantene Kreuzerstück mit Gewalt und barg es in seiner Schatzkammer. Das Hähnchen war darüber sehr entrüstet. Es flog auf den Gartenzaun und erhob einen hellen Lärm: »Kikeriki! Kikeriki! Türkischer Kaiser, gib mir mein diamantenes Kreuzerstück zurück!« – Darauf befahl der türkische Kaiser erbost seinem Diener: »Geh, Diener, und fang mir das Hähnchen ein, damit es aufhört zu krähen. Steck es in den tiefen Brunnen!« Dies tat denn auch der Diener. Er fing das Hähnchen ein und steckte es in den tiefsten Brunnen.

Aber das Hähnchen, tief unten im Brunnen, fing an zu schreien: »Kröpfchen, Kröpfchen, saug auf alles Wasser aus diesem Brunnen. Saug auf alles Wasser!« So wurde der ganze Brunnen trocken, und das Hähnchen flog hoch und setzte sich nun auf das Fenstergesims des Kaiserpalastes. Wieder schrie es lauthals: »Kikeriki! Kikeriki! Türkischer Kaiser, gib mir mein diamantenes Kreuzerstück zurück!« – Der türkische Kaiser, noch mehr erbost, befahl seinem Diener jetzt: »Geh hin, Diener, fang mir das Hähnchen wieder ein und steck es in das Kaminfeuer!« Der Diener fing das Hähnchen und steckte es nun in das Kaminfeuer.

Aber das Hähnchen, mitten im Kaminfeuer, rief: »Kröpfchen, Kröpfchen! Spei aus alles Wasser und lösch mir das Feuer! Spei aus alles Wasser und lösch mir das Feuer!« Darauf pustete das Kröpfchen, alles Wasser ausspeiend, das Feuer aus. Das Hähnchen flog heil davon und setzte sich wieder auf das Fenstergesims des Kaiserpalastes. Nochmals schrie es lauthals: »Kikeriki! Kikeriki! Türkischer Kaiser, gib mir mein diamantenes Kreuzerstück zurück!« – Der türkische Kaiser geriet nun noch mehr in Wut, er befahl seinem Diener: »Geh hin, mein Diener, und steck das Hähnchen in das Hornissennest. Die Hornissen sollen es totstechen!« Der Diener fing das Hähnchen wiederum ein und steckte es in das Hornissennest.

Aber auch jetzt schrie das Hähnchen: »Kröpfchen, Kröpfchen! Saug ein alle Hornissen, saug ein alle Hornissen!« Und das Kröpfchen sog alle Hornissen ein, bis auf die allerletzte. Und das Hähnchen flog wieder davon und krähte nochmals auf dem Fenstergesims des türkischen Kaiserpalastes: »Kikeriki! Kikeriki! Türkischer Kaiser, gib mir mein diamantenes Kreuzerstück zurück!« – Der türkische Kaiser raste vor Entrüstung. Was sollte er nun noch tun? Er ließ seinen Diener wieder kommen und befahl ihm: »Geh hin, mein Diener, und fang mir das Hähnchen ein. Bring es zu mir, ich will es in meine Pluderhose stecken, dann kann es sicher nicht mehr davonfliegen!«

Der Diener fing das Hähnchen wieder ein, brachte es dem Kaiser, und dieser steckte es in seine Pluderhose. Das Hähnchen flüsterte: »Kröpfchen, Kröpfchen! Spei aus die ganzen Hornissen. Spei aus die ganzen Hornissen. Sie sollen den türkischen Kaiser tüchtig stechen!« Und das Kröpfchen spie aus die ganzen Hornissen, und diese stachen den türkischen Kaiser so kräftig, daß er hochfuhr vor Schmerzen und aufschrie: »Auweh, auweh! Helft dem Hähnchen aus meinen Pluderhosen. Bringt es in meine Schatzkammer und laßt es sein diamantenes Kreuzerstück suchen. Es darf seine Münze behalten!«

Die Diener brachten das Hähnchen in die Schatzkammer, aber dieses begann sein altes Liedchen: »Kröpfchen, Kröpfchen! Kröpfchen, Kröpfchen! Saug auf alle Schätze, die du da siehst! Saug auf die ganzen Schätze des türkischen Kaisers!« Und das Kröpfchen sog auf alle Schätze des türkischen Kaisers, daß die Kammer ganz leer wurde. Drei Wannen Goldes waren es, mit dem diamantenen Kreuzerstück dazu. Dann flog das Hähnchen nach Hause zu seiner Herrin und brachte ihr die ganzen Reichtümer. So wurde sie eine reiche Dame und lebt heute noch, wenn sie nicht gestorben ist.

NACHWORT

In diesem Jahr bin ich 88 geworden. Das ist ein respektables Alter, und man muß dem Schicksal dankbar sein, wenn man es erreicht hat, ohne von Krankheit und Schmerzen geplagt zu sein. Trotzdem merkt man natürlich, daß die Kräfte nachlassen und daß die Produktivität geringer wird. Aber noch immer erzähle ich Märchen, denke allerdings oft vorher: Wahrscheinlich ist es das letzte Mal! Und ich bin darauf gefaßt zu versagen. Da es mir aber noch gelingt, sagte mir jemand, der wohl Angst hatte, daß ich in meinem Alter noch übermütig würde: Auch senile Männer können im höchsten Alter noch hervorragend Skat spielen! – Man merkt sich eben die Dinge, die man sich von früh auf eingeprägt hat. Von früh auf ist bei mir eigentlich falsch, denn ich dachte zunächst, mit meinem Talent müßte man zum Theater gehen. Am Theater fühlte ich mich gar nicht wohl, denn ich konnte nur spielen, was mir selber einfiel, und war darum ein Schrecken für die Regisseure.

Moderne Märchenerzähler gab es damals noch nicht. Wie ich eigentlich auf das Märchenerzählen gekommen bin, erinnere ich mich nicht mehr genau. Zum Sammeln von Märchen hat mich mein erster Mann angeregt, der aber schon im Ersten Weltkrieg fiel. Ihm zum Andenken habe ich die Märchen aller Völker weitergesammelt, und ihre wiederholte Lektüre brachte mich dazu, sie laut zu sprechen und dabei zu entdecken, daß es keine primitiven Kindergeschichten sind, sondern sprachlich wunderschöne Menschheitsgeschichten.

Als ich anfing, öffentlich Märchen zu erzählen, war es nicht leicht, Eltern und Großeltern davon abzuhalten, Kinder verschiedenster Altersstufen mitzubringen. Im Laufe der Zeit habe ich mich dann auch als Erzählerin für Erwachsene durchgesetzt. Ich wurde sogar ins

Ausland eingeladen und habe schon in 17 europäischen Ländern Märchen erzählt; natürlich immer in meiner Muttersprache deutsch, denn fremde Sprachen lernt man als Erwachsener nicht so vollkommen, daß man damit künstlerisch wirken könnte.
Oft werde ich gefragt, welches Märchen wohl mein Lieblingsmärchen sei. Darauf antworte ich: Stets das, welches ich im Augenblick erzähle. Mich haben immer nur Volksmärchen zum Erzählen bewegt und nicht die literarischen, denn nur im Volksmärchen klingt die gesprochene Sprache so lebendig durch, als ob sie im Augenblick geformt würde. Die Literatur, also auch das literarische Märchen, lebt von der Beschreibung, das Volksmärchen aber lebt vom Klang. Nur wer die Gabe hat, aus dem geschriebenen Wort den Klang herauszuhören und wieder in Klang umzusetzen, darf Volksmärchen erzählen. In ihnen wirkt die Sprache durch Rhythmus und Melodie ebenso musikalisch wie das lyrische Gedicht. Die klanglichen Elemente gehören also zum Märchen wie der Inhalt, ja, sie öffnen vielen Hörern erst das wahre Verständnis für den Gehalt. Für mich ist darum das Märchen ein durch und durch musikalisches Erlebnis, und ich erarbeite es mir wie ein Dirigent eine Komposition. Die Dirigier-Bewegungen wandeln sich allmählich in unterstreichende Gebärden, die aber den rhythmischen Charakter behalten. Dem Zuhörer wird also ein rhythmisches Erlebnis vermittelt, das er gar nicht bewußt zu erleben braucht, das aber dennoch seine ganze Person erfaßt und in angenehme Schwingungen versetzt.
Zu meiner großen Überraschung hat mir der Bund der Deutschen Theatergemeinden kürzlich den »1. Deutschen Kulturtaler« verliehen und mich »die Botschafterin des Märchens« genannt.
Als ich anfing zu erzählen, gab es neben mir nur Lisa Tetzner. Kritiker stellten uns oft als Konkurrentinnen hin. Wir selbst aber empfanden uns als liebe Kolleginnen und waren befreundet bis zu ihrem allzu frühen Ende. Aber jetzt gibt es schon eine ganze Reihe Erzähler und Erzählerinnen, von denen sich viele darauf berufen, daß mein Erzählen sie dazu bestimmt habe, selbst zu erzählen oder es bei mir

zu lernen. Und da ich nun doch damit rechne, daß das Alter mich bald hindern wird weiterzuerzählen, wünsche ich ihnen von Herzen, daß sie den Märchen gerecht werden und noch mehr Menschen, als ich es konnte, damit Freude bereiten.

Hamburg, im November 1980 *Vilma Mönckeberg*

ALPHABETISCHES INHALTSVERZEICHNIS